序

黃燕清

在昔蕭松齡之著聊齋也，寫深意於山林妖祟之間，施耐庵之述水滸傳也。鳴不平於草澤英雄之輩，至於西游有記，旁門與正道分明，三國成書．漢室與奸雄不竝，斯皆說林之瑰寶，海國的珍傳，然而州閭風物，可作談叢，軼事遺聞，足供史乘，雖曰百年香港，何足言桑田滄海幾經，須知東郡新安。已歷數宋元明清四代，固不少忠貞義烈，青史長留，亦有光怪陸離，笑談足紀，低徊往事，橄杬同甘。

僕也不才，香港隨感錄．已見載於報章，香港掌故錄，更從事於廣播，猥以不棄，請刊專書。却之非恭，敬求　大雅，示以博聞廣見，如玉如珠，完成本地風光，有聲有色，得其所哉！豈不懿歟？爰成上篇，聊以作序。

香港掌故目錄

黃燕清編述

一、香港的形勢

香港的地形，試把地圖打開看看，你說像着甚麼東西，有人說：像得一頭猪兒，又試把街道圖，打開看看，眞是街道密如蛛網，一種繁榮氣象，可想而知，不過回憶本港開埠，由公元一八四二年，計至現在，已有一百一十六年，在一個世紀還要多的年頭，經過事實却有許多許多，本人虛度年華，五六十年間的故事，記憶所及，也有多少，其中有超過五六十年年之外的，得自故老傳聞，也可供談笑，不過本港長輩，對于掌故比本人博聞廣見，希望多多指教，香港是一個小島，位在珠江口的南端，全島長度，以前的統計祇有十一英里，濶約二英里至五英里，但以年來不斷的填海成地，當然不止這個數目，然以居民之多，面積之小，却是奇蹟了，試想本港未開闢以前，由漁民居住，大約是三千人，開發後逐漸繁盛，緩緩進展，人口逐年增加，但沒有確實的統計，至一九三一年當局已有精密的人口紀錄，其時包括九龍計，已過八十六萬人口，一九四一年增至一百六十餘萬人，當時認爲人烟稠密到了不得，這個年頭，整個香港和九龍都淪陷了，這時居民離港返回內地，日以萬計，留港不去的減至七十餘萬人，一九四五年八月宣佈和平，居民復員，一九四七年人口又增至一百八十萬，以後數目激增，現在呢？竟達到二百餘萬，我們試登太平山頂，東望鯉魚門，西北汲水門，南面的南丫山，西南青洲島，又西的交椅山，又西南外伶仃山，香港本來是一個小島，可是羣山排列，似筆架一般，便把那些山分爲六列，最高的是域多利亞山，高度約有一千八百幾尺，最低的是布甸乍山，也有一千尺，以上那些山脉，研究地理的人，都說來自大陸，所以把香港接近大陸來說，最近的就是澳門，因爲從西便計，約四十英里，北便離廣州約九十英里，一衣帶水，朝發午至，自從第二次大戰結束後，香港的繁榮景象達於極點了，我們住在香港，俗話說得好，如果荷包「大把水」的話，委實要風得風，要雨得雨。住的，着的，吃的，眞是無病一身輕，有錢萬事足，享盡人間樂事，不過在初期故老來講，夢想不到有今日物質的文明，如果把目前所有，比之從前之所無，當然沒有標準，又如把從前所有，比今所有，例如衣服鞋襪之類，這是從前所有，今日也不例外，不過比較起來，自己也笑自己大鄉里，甚而自己笑自己是個傻瓜，其實當時何嘗不是「在行」，「官仔骨骨」呢？時移勢易，這話是不錯的，俗語說：十年人事幾翻新，何況百餘年嗎？這個年頭是一九五八，以時考之，已是一個和半個世紀了，這麼悠長的時日道程，眞是事無大小，都可以講出來，做個談柄，有是耳聞的，有是目擊的，試講出來，指教指教！

二、紅香爐別名的由來

記得童年時期，隨着長輩到燈籠洲，我提出這個名堂，許多青年人，甚而壯年人，必定以爲這個燈籠洲離港頗遠。不是長洲這麼水程也有香港仔鴨脷洲這般陸程，通通都猜差一皮，原來燈籠洲就是今日的銅鑼灣，怡和街一帶的新開街道，當時還有一個別名，叫做掃桿埔，每年七月盂蘭節打街坊醮，聯合起來，這條路線很長，大抵當時居民不多，更沒有開闢道路，一程直至七姊妹，當日的坊人捐助醮金，派同企身燈籠一個，寫着紅香爐建醮字樣，可知香港開埠五十年來，這個古老名堂還用着呢，直至現在銅鑼灣北角，開發街路，已成熱鬧市區，才把這個紅香爐古老名稱交代去了，說者謂紅香爐三字爲香港唯一史料的基礎，百一十六年前，這個彈丸的香港小島，孤立在珠江之南，昏庸老朽的清朝疆吏，視同廢地，絕不注意，不過這個小島好比人身的咽喉，座鎭着珠江口，東通大洋，西北接中國內地，漁民中有驃悍的，名張保仔，他利用險要的土地，嘯聚蠻橫的同夥，便把現在北角的山形，很像是一座香爐，故意做成一種神話，以爲號召，這是百靈擁護的意，糾集同黨，每當月白風清之夜，望着東方，拜旗拜斗，圖謀舉事，其實這夥強人，目的是負嵎居高臨下，看見有別方的漁船，和其他船隻經過，不動聲色擺動長龍快艇，攔海截刼，殺人越貨，視作家常便飯，張保仔雖不識字，也有軍事學識，雄踞太平山頂做大本營，在香港西部派出步哨，策動許多嘍囉，紮起大營，才有西營盤至今的稱呼，更以香港之南爲尾閭，現在香港仔還有張保仔的遺址，看來整個香港形勢，在張保仔控制之下，張保仔是了不得的，究竟他的身形，是否像武俠小說所描寫，虎背熊腰，眼如銅鈴，口似血盆，這一類人物呢？不是不是，絕對不是。據故老所說，張保仔是個精幹的人兒，沉默寡言的，又沒有讀過書，簡直是個無知漁民，但能夠有這麼大志，眞是非常之人了，當他聲勢日大，黨徒愈多，居然造船舶，聚糧草，鑄軍械，大有進攻珠江之勢，粵吏據有關報告，以黨徒志在不小，不能不派兵進勦，初時張保仔黨衆，憑着負嵎，官兵施圍困方法，即以四邊截着水路，務令進退不得，久而久之，內部變亂，張保仔知大勢已去，不可挽回，那時官兵包圍日久，誠恐師老無功，粵吏採納文案某老夫子（現是秘書長）的意見，派人向張保仔招降，這時張保仔勢力已孤，利用大好時機，投降清吏，授以防營統帶之職，所以廣東史有招降張保仔一文，也有一篇張保仔受降文，還有張保仔餘黨，時有出沒，這是烏合之衆，這輩宵小，本來是安份漁民，隨着張保仔出來撈世界，及至勢窮力竭，自然洗手不幹，別謀生活。

三、初用洋文的笑話

這是筆者髫齡時期，聽着故老資爲談笑的，比較起年華，沒有百歲，也相差不遠了，所以我要聲明，這一段故事是耳聞而不是目擊的。當百年前，由阿羣帶路，從香港仔來，那批洋人，來到香港，其時言語不通，大大的不方便，不久我們同胞，由廣東內地乘着「大眼鷄」船來港，這是較大的漁船，張帆御風，順水者十餘天便可到達，如果逆風，數月抵港，也不足奇，所以初闢香港的時期，我們廣東的鄉親來港，幾大考慮，幾番切割親人，在萬不已環境下，才來到這裏撈世界，遠涉重洋，間關「千里」，當時內地同胞，聯袂而來，自然比之香港土人「漁民」智慧得多，洋人更喜和他們接洽，重用他們工作，因此，初期來香港的人物，多數是幸運兒，當時有貨倉管工，自然是大中國人，負責看守那堆積的貨物，某一天洋人「大班」來到查倉了，「大班」試把貨物檢驗，一看赫然震怒，原來那貨物多被鼠子咬壞，「大班」把手指着貨物給他看，還把雙手攤開，意思是貨物毀滅。一切都完了，這位管工其是福至心靈，便哼起中西合璧的洋話，他說「Too much 咄咄 No get 咬咬」，他意思是太多老鼠了，沒有貓兒，咄咄是鼠聲，咬咬是貓兒的聲，那位管工不懂鼠和貓洋文叫什麽，便把那聲音代表出來，「大班」聽着大喜，馬上買了十多頭猫來，鼠患便絕，以管工功在養猫，升作買辦（華經理），又有洋船船長，以天頂漏雨不堪，還加以有人在上方作响，責難船上華買辦，那位買辦，也用起中西合璧對他說：「雷公靈林叻，Tire 過天劃，木匠逼逼拍拍」他意是行雷靈林叻之聲，電火的光越天而過，木匠人急于補漏，才有逼拍之聲，船長贊他能幹，對于這個買辦，更多重用。又有某洋船聘請買辦，由人介紹往見洋人總經理，自然是一見便合，因爲這時不求洋文通順，但能畧懂一二便是人村，應召的甫見面，那總經理不斷點頭，表示滿意，那人見着形情，心裏也是極端歡喜，那時洋大班開聲了，僅僅說過Compradore，一字那人便發起火來，道：怪不得剛才見我，這般歡喜，原是「金不畀多」，工金不畀多，亞和（那是大泡和）才與你做的，來來，你隨我同鄉下去，我多畀你兩合錢，你做人工囉，兩合錢是四個錢，一雙合着，鄉人叫做「一合錢」，他說多比兩合錢，算是特別優待了，那洋總經理見他正在講得好好，爲什麼怫然而行，十分訝異，後來才知他誤聽華經理的英語，以爲中國話，是短少給値，經過幾番唇舌，才把事情同復，這是誤會的笑話，還有一宗因銀包誤會小風波，某日有印差，當時叫做「綠衣」，見兩人其中手執銀包一個絮絮不休，印差上前干涉，兩人都指着銀包對警察講話，印警絕對不懂，疑他兩人一是抓手，一是失主，便把兩人扭上警署，原來一個眞是失主，這一個是忠實頭子，拾得銀包，問明然後交還，印警誤會他們，才捉將官裏，好人當賊扮哩！

四、香港陸上的交通

香港自歸屬英人之後，對于陸上交通，努力整理，在本人孩童時期，五六十年間，這時當然沒有電車，更沒有汽車，重要的交通車輛是黃包車，即東洋手車，馬車，肩輿，香港人叫做轎，現在先講東洋手車，牠的形式，與今日無大差別，不過笨鈍一些，車夫向製造手車店租賃分日夜計，乘客必先向車夫講價，然後安然上坐，但不規定之規定，初時中環區域，底價三銅板，港人叫做「先士」，後來加至五「先士」，當時車夫拉車，大抵不需要有什麼閃避，拉着疾走，雙輪如飛，往往在街上發生車輪輾傷路人足部，血淋淋下，路上老更（當時不是警察名稱，而曰更練，人皆叫做老更）老更來了，輕傷者由車夫賠償少許費用作了，嚴重的鬧上差館，甚而由法庭（這時叫做巡理府）判斷，本人童騃時，數見不鮮，現在汽車傷人，固屬司空見慣的事，但手車也會傷人，新青年聞之，必疑的「車大炮」，還有笑話得很，我的姑太從鄉間來，先母請她乘手車往高陞戲院看戲，先母的車行先，不久，聽着姑太的車夫大叫道：你怎麼樣坐法，竟然把雙脚踏上我背上，怎可拉得車動，先母詫異，回頭一看，眞是笑到轆地，原來我的姑太，不坐車上的座位，却坐在踏脚處，先母請問她爲何不坐上去，她還振振有詞說：上座是樓上，價錢太貴了，我是鄉下人，過慣淡泊的生活，知慳識儉，況我已活卸六十多歲，還拘執甚麽，坐車的片刻時間，論什麽上座下座，我這囘由鄉下來廣州大城，轉搭火船來香港，也是坐樓下的，何況車仔的樓下，既光猛又通爽，豈不是勝過火船的樓下麽？老人家以爲大條道理。不知聽者已笑到剌肚了。這時除了普通手車之外，名貴的就是馬車，當時馬車欵式有兩種，一種是房子式，另一種是蓬車，這種蓬車也可以收下來，不要蓬的，如果坐得通風舒服一點，勝過廂車了。不過當時的道路凹凸不平，沙泥滿積，馬車過處，塵土四飛，遇着雨天，沿途都是泥濘，車輪所過，印上了深刻的痕迹，對於坐車的人，左右擺動，辛苦極了，此外還有兩人肩舁的轎，現在這個時期，還有極少的數目，有人說全港祇有二十乘，確否，尙待調查，但在五六十年「敦大轎」的，當時人稱坐轎謂之敦大轎，敦者欵欵也，大抵坐轎之人，是否歡喜欵欵，不得而知。但本人的確目擊當時坐私家長班轎之人，三名伕，或四名伕，那轎伕制服，是白細藍邊的，背脊還寫住一個乜字，果是醒目，而坐轎這位先生，長衫，小背心，口咬「茶瓜」(大枝呂宋烟)昂昂然過大馬路，委實夠威了不得呢！他的頭還要點下點下，千祈不要誤會以爲向你打招呼，其實是敦其轎欵姿勢之一種呢！

五、五十年前的茶樓

提提香港五十年前的食譜，先由茶樓說起，茶樓先講茶價，最貴就是三分六的一盅茶，三分六現在便是「斗零」，五個銅板，最平呢？弍厘錢，弍厘錢所値幾多呢？清清楚楚計，就是兩文錢零八，換句講一個錢也不足，但一個錢仔怎樣分開呢？所以飲茶的濶佬給足一個錢，茶居老板，賺賺錢水，俗語說得好：「大山斬埋有柴」。一年三百六十五日計算，也是大有可觀了，茶價最高三分六，最低二厘，當時有小型茶居，專做這宗生意，叫做「二厘館」，「二厘館」現在等于低下的茶室。這時的點心，就是飽、蝦餃、燒賣三樣，並無別的，不過飽子仍有分開鹹甜兩種，上上不過的就是生肉大飽，問到所値幾何，一個是四厘錢，等於三文錢，有幾大個，十足今日甚麽鷄球大飽，鳳凰大飽之類，價錢相差太遠了，有人話，大抵蚊髀比牛髀呢！我呢當然吃得多哩，有人客來，請食午餐，幾百句得，不必劃鬼脚，老板從大荷包，一摸兩摸，摸出一個毫子，買點心請客，買囘來了，大張玉扣紙的紙袋包着，打開擺在大碟上，一五一十數落去，恰成十八羅漢之數，眞眞是十個八個人食飽有餘，有茶沒有「大炮」？一百個沒有，清心直說，並無虛言。我剛才說過，一個生肉大飽，等於現在一個鷄球大包這麼大，蝦餃呢，似得「梳仔」一樣，所以當時的人叫蝦餃，叫做「挽梳」，現在四邑阿伯一樣叫蝦餃做挽梳。燒賣呢？又名叫油瓶枳，油瓶呢，又叫做油埕仔，想想這個枳，有怎樣大，現在呢，燒賣像得什麼枳呢，嬌小玲瓏，果是小小的藥油樽枳罷了，所以我講五十年前一毫子點心，大大話話，可以飽食十個八個人，是眞憑實據，在茶樓還有便宜，是食件計件，除了點心外，另有硬盆，擺在桌上。什麼叫做硬盆？硬野是餅食，即是可以耐久擺得，這東西就是鹹切酥，千家酥，花生糖，糖椰角之類，你說是否「硬野」，這類「硬野」，任由貴客喜歡，一年擺足四季，食不去幾時才換過新鮮，便要問過五十年前的老板，和茶博士，他們自然有圓滿的答覆了，還有要說明的，當時茶樓天未亮開市，上午約十時收市，十一、二時午市，下午三時後便休息，沒有夜市，除了點心餅食外，一切粉飯麵等，沒有交易，你想吃碟油鷄，整碟鹵味，更不要指擬，留待今日慢慢享受罷！茶客找數，全憑那茶博士高聲報數，「大細人開：一錢零八」，什麼是大細人，兩仔爺上高樓的便是，還有許多述語，「瓜」便是四，揸住便是五，「彎」便是九，耳熟能詳，當時上茶樓，絕對沒有婦女，這是關于風氣使然，不足爲奇了。以上當時的茶樓，大概如是，現在本人且談談五十年前，香港的酒樓罷。

六、香港酒家樓的沿革

說到香港酒樓的先進，當推上環大馬路的杏花樓，當時沒有稱酒家，杏花樓的開辦人，先祖父也是其中之一，所以比較清楚，杏花樓斜對水坑口，說到當時水坑口的繁榮，端賴上乘煙花，集中於此，人們稱做「大寨」，是偉大的就是「錦繡堂」，現在遺址上尙存，便是荷李活道，和水坑口轉角第一間，正是燈紅酒綠，紙醉金迷，酒國與花國相連，才有酒樓聯接，所以在水坑口附近一帶，大酒樓有「宴瓊林」，「叙馨樓」，斜上荷李活道有「探花樓」，這等酒樓，眞是筵開不夜，笙歌澈耳，當時大吹大擂，金鼓雷鳴，叫做響局，打洋琴，彈琵琶的叫做清唱，別僱歌伎來的，花間姊妹，衹是陪酒便了。這是花國生涯，在萬分熱鬧中，酒樓生意，自然極端發達。本文便要談談菜式和價錢，俗語說「開廳氹艇」，現在是專講開廳，香港地的艇，無從氹的，但扒下或可以，這是題外，不必說了。上席一定配合上上的菜，上上的菜，究竟是什麼呢？現在先講份量，牠們的名稱，是這樣的，(二京二生)，四冷四熱，八大八小，(粥晏)，二京二生是兩樣京菓，杬仁瓜子，二生是兩樣生果，多是沙田柚、批皮橙之類，但人客埋席便先吃了，比之現在最後才吃生果，極度不同，是否先吃生果，消化了整個五臟廟，然後大吃一頓，本人當時是一個小孩子，一切都不懂得，不消說人吃我又吃，小小的手兒，取不到的，同席的叔叔伯伯，自然遞到埋來，吃清爲止，四冷是四冷葷，這是沒有聽過冷盆，這句摩登說話，冷葷也吃得多了，埋席時四便已擺好，以小型的高脚錫碟盛着，真是千篇一律，皮蛋酸薑、酸排骨、酸瓜蝦米(叫做瓜皮蝦)酸扶翅(未有珍干這個美名)四欵都是酸中帶甜，調作嫣紅色，四熱食也是最小型的砵形所載、如鷄鴨片、白鴿蛋、金銀腎之類、然後逐漸搬出八大八小、這是兼進的，例如出了一個大的，鮑參翅肚之屬，隨着一個小的，如金錢鷄、滑班球、蝦碌、燕窩之類，小的盛具，比熱食大的，而八大都是大海碗，和長形的兜碟，不論碗好，兜也好，統統是外綠色起花，內裏也是綠色。但沒有花紋，八大除鮑參翅肚，例有鴛鴦鷄，全鴨，冬菰，肉的不是南乳扣肉，便是玻璃肉，這個名詞，有點駭人聽聞，玻璃肉是像形的，不是當眞玻璃，把純肥的猪肉，滲透過鷄蛋白和麵粉，然後從油鑊炸過，上起碗來，透明如玻璃，放進口裏甘脆濃香，不過吃不得幾件，便飫了，何況剛才吃過那四冷四熱，八大八小，這時不興有甜菜，但上茶來，隨着兩式點心，小飽兒，和小蛋糕，最後，飯菜一度，南乳或鹹蛋油菜，白粥及白飯各小碗，於是乎吃完了，想想，大大小小，動用了幾多碗碟羹筷，才把那一桌菜弄妥，試猜那時幾多費用一桌呢？在比我先一輩長者說：全桌計算，不過二両四錢，伸起來祇是三元三毫六，說是這樣說，到我這個時候呢？已起價至三両六了，三両六照申是五塊錢，亞乜話齋，「五鷄士」；以五個銀錢有這般多吃，可知當時物價之廉了，慢講五六十年前，這樣悠久，就算二十幾年前，一席滿漢，也不過一百塊錢，現在呢，記得報紙刋過，兩桌滿漢席，需要三千元，正是聞所未聞，何止見所未見。現在再講當時請喜酒了，壽酒，羗酌，女兒出閣，商店開張，春茗，主人統統都是請一餐：但結婚的，便要請足兩餐了，我也記得當時紅柬帖的寫法是這樣的：「諏吉于某月某日爲幾男某某受室，是日荇酌，翌日梅酌，候光，弟某某率某男載拜」，另外敬領謝帖，和速玉，恕乏价催等帖，與現在的是相類，不過印刷和紙張便不同了，那時請帖純用紅柬，而以雕刻木字，手印出來，最是不通者是所訂的時刻，不論那宗請帖，刋的是四點鐘入席，實在幾時然後去祭五臟廟呢？現在講下，也要瞌睡起來，你道幾時呢？這個四字再要加多兩個四字，才有得斟，實實在在，至少要半夜十乙時，才得入席，不過人人也知道，這是刋板的時間，自然沒有下午四時，便去赴席，最低限度十一時始去，有些不通氣的人客，還要過了十二時才到，主人不能不候，豈不是要一點鐘才入席，散席時最早的在三點後，遲呢？飲早茶，茶樓這時，己經客似雲來，天大光了。所以當時的人，應酬同來，叫做「捱了一夜」，原因習慣上不守時，別的是交通，沒有汽車，電車，巴士，一般飲客，代步的不是馬車，便是手車，既是沒有時刻規定每夜停止收車時間，老早便己決定叫車歸去，其後距今約五十年，政府公佈花國，一律遷往石塘，酒家樓也在這裏建立，眞是崇樓傑閣，金碧輝煌，比之原有上環的，自然是大大有別，現在電車西行，這個屈地街站，右方的高台，是一間洋行總辦事處，這座高台是石塘咀創辦的陶園酒家，對下商店林立，是洞天酒家，兩家酒樓，時勢的創舉，繼續開辦，著名的有聯陞酒樓，萬國酒樓，統一酒樓等等，當時香港是個黃金時代，除了喜酌外，所謂花酌的，眞是鬢影衣香，金迷紙醉，不過上乘一席，也不過十餘塊錢，所謂科份作局的，一元起，两元止，[illegible]綽有餘裕，說到做人情賀禮，平均一元，慳皮的錢八銀，所值兩角五分罷了。

七、食物館—晏店—西餐館—街邊檔口

食物館這個名堂，大抵沒有人不知道是吃東西的好去處，不過，我們廣東人的叫號，含有許多館子在內，而酒家樓不在然，就算大茶樓，或許也不以食物館計，祇是一般的出售麵食的，販甜品的，什食而經過火的，甚至西餐館，也是難免這等稱呼，統而言之，食物館裏頭，眞是包羅萬有了，前文我說過酒家樓的沿革，現在憶述五六十年前，所謂普羅大衆的食譜，平民化的飲食，自然和酒家不同，例如中等的食物館，大晏店，和街邊檔口，從前酒樓便是酒樓，日間不做生意；茶樓便是茶樓，晚間不做生意。但食物館和大晏店，日夜都做生意，街邊檔口呢？自然不在話下了，從前的食物館，的確歸邊的，例如雲吞麵，便是雲吞麵，

但凡雲吞麵是有湯的，這便是碗載泡湯的雲吞麵，還加些材料，叫做「馬」，最名貴的加上了幾片义燒，價錢二分四厘，申算三十三文錢零六，無從找續，給足三十四文錢，次等分八，申二十五文錢，再其次一分，申十四文錢。除了之外，你想整碟菜炒麵，沒有交易了，專賣雲吞麵的小店，一律招牌寫着「三楚」兩字，楚是湖廣地名，正是兩湖，湖南湖北的地方，大抵兩湖人喜吃麵，所以兩湖的人來到廣東，幹了雲吞麵的生意，便以家鄉做招牌，也是不定，因爲廣東內地，從前不論省佛陳龍江以至窮鄉僻壞，所有都是「三楚」的招牌，香港是廣東人多，便把內地的招牌，一樣在香港竪起，這以食物店表示的，一切粥粉麵俱全，但單單沒有飯賣，甜品店專賣甜品這時沒有雪藏東西，一切是熱的，如鷄蛋茶，蓮子羹，燉蛋，燉奶（當時叫做原牛奶，現在時髦話頭，美名是雙皮奶）晏店呢？現在是沒有這樣名稱，在第二次大戰之前香港還有的，不過和平以後，所有晏店，也裝修門面，改作小酒家了，晏店，顧名思義，也是食物館，牠大別者，便是不賣粥粉麵之類，顧客來便是吃飯的，吃飯必要餸菜，還有平常的酒，這等晏店，不事裝飾，門前掛着鷄鵝鴨猪牛等肉，和陳列着魚蝦蟹，種種炒賣，絕非名貴的鮑參翅肚，式式具全，杉木的檯櫈，但乾淨非常，竹木的箸子，盈束插在罐中，老早放置檯上，嘉賓幾位，自取幾雙，都是貴客自理，無需酒壺，更沒有酒杯，甚麼些利杯，和甚麼玻璃水杯，沒有聽過，自然沒有用過，祗有不完整的牛奶罐（叫做牛奶嘜）二両，三両，任從尊意，飲完大可再斬四両，現在街邊的大牌檔；諸君，不妨前往欣賞一下，有類于是，不過晏店是在店內，不是在街邊罷了。現在又要談西餐館了，五十年前的西餐，或許西人經營有之，中國人開辦我也記得起，最近已經拆舖改建的四街；其中德付道中之一間華樂園，二次戰前也改作大晏店，這是我在孩童時，隨長輩光顧的西餐館。推算年月，舉此爲例，香港之有西餐館，是華人辦的，不過五十年的，以上的食物店，總結價目，我要埋單，和諸君找數，除了雲吞麵講過之外，小碗是一分六，大碗二分四，甜品也是一樣，粥類比較貴些，晏店的大晏（一大碗飯）是一分，小碗飯四厘，至於「食什麼料」，「炒什麼賣」，「煲什麼湯」，由二分四至四分八，總之不足今日一角錢之數，燒臘檯的抵食法，燒鴨脾小的也是二分四，大的三分　，街邊食物，自然比商店加平，牠們不是以幾錢幾分計，爲便利計，以仙士錢仔計算，不論鹹甜碗計的，一個仙士，薬餅每件計，由一文錢以至三文錢，相宜夾大秤，試問幾時再有這個日子呢？但本人却是食過，買過，眞是有福了。雖然，街邊吃的東西，一文錢以至一個銅板，可算平到極點，不過，高尚的西餐館，水牌上的價目，以昔例今，慢講一般食客，認爲奇聞，就是老行尊同憶下，不免有今昔之感，例如普通的牛排，售價七銅板，其後起價一角，咪啡每杯二先士，起價至叁先士，不論什麽鷄，每隻計不過叁角或叁角五分，就算在香港未淪陷於日本仔以前，所謂全餐，普通都是六七毫子的，竟有所謂小餐，定價不過毫半，就算天頂最高貴大酒店餐，同憶孩時，隨着長輩去食，說每客不過收費一元，未起餐前，滿檯肉食，大有食前方丈，任食唔嘣，可見當時物價之廉，眞是夢想不到，現在憑我記憶力所及，把五六十年前的食物館著名食譜，介紹出來，雖是過後難尋，聽下也是嗒落有味！

同文街燕窩樓的晨早肉粥，和午間的炒猪牛魚肉粉，大的叁分六，中的二分四，還有炒經濟芽菜粉，一銅板或兩銅板，大道中煜記棧，和威靈頓街的福祿園，八分錢的錦鹵雲呑，祇言碗面所謂「馬一」，如鷄鵝鴨海參猪肥之屬，眞是倒埋一大碟，九如坊九記之生滾牛什粥，兩叁個銅板，便食到肚飽，大道西的源記，所售二叁個仙士的一碗原牛奶和雞蛋茶。又二次大戰前，距今不遠，閱者當不忘荷李活道的萬馨記，招牌大書是酒樓，其實是廣州市的大肴館，香港是大晏店，牠著名是炒滑鷄，煎蝦碌，和炒生魚片連湯，不過是毫零二毫，還有石塘咀珍昌酒樓，現在人們腦海中，鐫着深刻印象，牠的老板是清眞教中人，戒食猪肉，所以他們弄的菜式，都是眞材實料，尤其是湯類，絕不以猪骨混充，珍昌的膾炙人口，就是一角錢的大碗的燒麵，和大碗的鷄什麵，還有六角錢一打的掛爐鴨尾巴，好此道者，現在還有垂涎欲滴哩！

八、半個世紀前香港電影

現在是談到半個世紀前的香港電影了，歐美各國發明電影幾久，本人沒有考據，不過香港當時，我在孩子時候，由電影的雛形，以至規模具備，也可記憶多少，說得出來，可作今日昌明時代的參考。本港截至二次大戰時止，計六十年間，如大笪地，空曠的地方，不時見着，張着布幔，似得一座小營幙，一度小門口，更掛着白布，繪以顏色的形圖，怪異的人相，和山禽野獸水陸罕見的動物，有人敲小鑼，大聲疾呼：「大頭仔，一個先，睇一睇」指圖吶喊，招惹路人，於是擲一個銅板，便作入幕之賓，對辦不對辦，一個先士，也不必撞火，不過雛形的影畫戲，也是在這裏產生，可知泰山不擇土壤，河海不讓細流，我們今日經過瑰麗堂皇，摩天大厦的電影院，却自發源於一個先士睇一睇街邊的影畫戲呢！却說初時所謂影戲，是靜而不動的，像形學校裏教授衞生的幻燈，人體內部圖，但牠是彩色風景畫，從長方的箱子，嵌出鏡子，內套玻璃片子，從片子後放着竹筒形的火油燈，那光直射白布上，大衆看見彩色的西洋畫了，放彩的漢子，便作臨時解畫員，道：這是金山大埠，這是倫敦，這是巴黎，這是柏林，這是什麽，這又是什麽，信口開河，觀者不知是否，祗見一幅一幅的景色不同，也可飽飽眼福便了，但大笪地的象徵的小營幙中，日間光線太強，影者以有利可圖，便租着舖位，在內放影，觀者也多，不久高陞大戲院（現在是從新改建，容當再談）這間高陞戲院，便是現在的地位，五十多年前，「高陞」本來是演唱大戲的，某日標貼廣告和「戲橋」卽戲本事，另載預告小段，大畧是這樣的：「本院不惜重資，，特聘美國著名影畫戲，「士的芬臣」來港，準於某月某日起（時間太久，無從記憶）晚八時半至九時半，在停止演戲一點鐘內開影，各界諸君，欲開眼界，請早臨塲……」這段小廣告一出，哄動了全港人士，人人也想先睹爲快，開影之夜，當然「頂擸」，晚晚如是，這時我也隨着長輩好幾晚才得入座，大戲開演例是晚間七時，一到八點半，全院熄燈不光，一片黑暗，果見二樓正中，射出電光，自然沒有現在的光烈，但當時初開眼界，這樣不尋常的電光，嘆爲得未曾有，專看那電光，已值回票價了，初時祇有白光一度，直射舞台白布，當時沒有銀幕這樣時髦語，觀衆目不轉睛，所謂影畫戲，一一注射出來，這個時候，不消說當然是沒有聲的黑白片，這是短片諧劇，大胖子和瘦皮猴打架，大胖子神高神大，十足一座山，瘦皮猴眞是瘦至「一棚骨」，兩人居然打起上來，初而拳打脚踢，繼而打作一團，最後肥佬把瘦佬壓在地下，遭這一壓，那瘦的身兒，頓成紙剪的人，貼服地上，肥佬自恃爲勝利者，便把地上的紙剪人形捲起來人向空一擲，迅速之間，復作原形，立在地上，肥瘦握手爲禮，相好如初，觀衆鼓掌，嘆爲得未曾有，別一幕是哨牙佬食西瓜，不知從何影起，怪臉百出，逗人發笑，果然觀衆捧腹大笑，如果把當時的畫片，在今日放影，當然是十一人食一分烟，「冇厘癮頭」，但在五十年前，影片初到貴境的時代，那有不十二分歡迎，百看不厭，以上的影片，晚晚如是，晚晚滿座，路口也擠滿人，士的芬臣是公司，還是個人，祇有天曉得，不過也算開電影界的先河了。

這時民智漸開，看電算別有興趣，不久，便有比照電畫戲院開影，院址在雲咸街口，現在娛樂戲院右方，又不久比照影畫戲院對門，有香江影畫戲院出現，即現之大道中皇后影院地址，當時兩院是地下一層的，也可容觀衆五六百人，入塲劵二毫四毫，日一塲夜一塲，觀者極衆，不過當時的觀衆，好看長篇故事，不喜短片，兩院爲招徠計，便專影長畫，如魯濱孫飄流記，幾道山恩仇記，黑衣大盜等，片長凡十餘續，觀者不以爲冗長，反以越追越有味，似得播音台講古一般，兩院獲利無算，爲時也有十年，兩院地址的業主，進行改建，不能不停影，而渚力兩地，風氣所趨，電影院成立，其數不可以計了。

電影初期的戲院，開映時間，祇有日两塲，不像今日甚麽早塲和公餘塲；而座位祇分两級，不似今天等級之多，票價低廉，但每塲時間，和現在差不多，而休息十分鐘這句話頭，現在還在相傳下去，不過作爲笑話罷了，當時不論日塲，還是夜塲，大抵畫片影至過半，銀幕突然，現出黑色大字，休息十分鐘，於是燈光大放，人聲如沸，販餅食水果，糖果汽水和烟仔火柴，販者穿插座位行間，大吵大叫，而人們也漫無秩序，橫衝直撞，加以吸烟者之烟霧迷濛，人氣燻蒸，處此環境，令人難耐，但觀者不以爲嫌，祇有寧耐以候，每一個人心裏都認爲好戲在　頭。果然，煞那間，鈴聲一响，全塲盡黑，銀幕繼續現出人物，完成未竟之片，說者謂：現在最古老的電影院，還有油蔴地廣智一間，碩果僅存。彌足珍貴，不必理牠是規模大小了。至於有聲電影，簡稱聲片，在香港說，約三十餘年，當各影院還在默片期中，某夜，必烈啫士街華人青年會禮堂，放影雛形的聲片，祇以發明聲學的解釋，時筆者在大光報主編纂事，蒙主事者折柬見招，得觀究竟，台上陳列電機及聲片，詳爲解釋，然後放播出來，聽者恍然聲帶作用，經此，各院陸續把默片改作聲片，說至現在，已臻於微妙之境，有聲電影的出神入化，有目共覩了。

九、環遊世界十分鐘

現在我還談談這是電影的變相，但比起看

電影還趣，在四十年前大道中，今之皇后戲院左方有舊式洋房，內深而大，某日來了某西人，利用地方深濶，出價租賃，製成火車頭及車廂，在門口大肆宣傳，「環遊世界十分鐘」，見者咸以爲異，那有這樣道理，但在門首探望之人，可聞內裏火車汽笛嗚嗚，機輪隆隆，好奇之心，更爲打動，於是破慳囊，爭先恐後，購劵入塲，這時我也是學生一名，進去一開眼界，坐在車廂，以左右望，汽笛聲响，機聲軋軋，輪自旋動，但車身不動，兩旁城鄉市鎮，經過目前，地方鬧熱，行人來往，絡繹不絕，汽笛頻頻作響，車上人也是頻頻報告，這是英國的倫敦，德國的柏林，法國的巴黎，美國的華盛頓，俄羅斯的莫斯科，中國的北京，日本的東京，果是各國的首都，並無虛言，不久，見着廣州大沙頭車站，轉眼間是九廣鐵路，至九龍尖沙咀站，車上人又呼着，到香港了，請貴客檢拾行李落車，燈光一亮，車也停動，依然在那洋房中，在心理上似乎許久時間，望望時鐘，當眞是十分鐘這般短促的時間罷了，這純是電影作用，車的兩旁齊放電影，汽笛聲聞，車輪簸動，彷彿身坐開行的火車中，繪影繪聲，精神爲之振發，製造的西人，未嘗不是精巧發明，這些玩意，可惜現在沒有，如果是有的話，我們成年的人，携同小孩子坐坐，也可增加智識，益發遠行的興致，不過，這宗電影變相的火車，爲時不長，不是收入不佳，有人說，因汽笛聲和摩托發動機輪，聲浪影響鄰居太甚，當局爲着地方安靜，諭令遷出，而主事者無從再找地方，所以自行停辦了。以上所談是以電影來象徵旅行火車，哄動一時，但鑼鼓大鳴，利用電視佈景，以求舞台上情景逼眞，十年來不免司空見慣，不過創作者，也値得人們稱許是匠心獨運，大抵四十年間，在港方電影新興的時候，粵劇中有名小武靚昭仔，從黃金國歸來，自備電影機和影片，他隸周豐年班，編演那偷祭佳人一幕，開幕時自然是全沒燈光，銀幕上，所謂佳人，冉冉自遠來，且唱且做，逼近時赫然爲某女艷旦的眞形，而燈光全亮，初而撲朔迷離，繼而形態畢現，蔚爲大觀，在當時少見多怪中，嘆觀止矣！

十、六十年前戲院和戲班

當五六十年前未有電影，香港人唯一的娛樂便是「睇戲」，戲院當然是睇鑼鼓戲，但去那裏睇呢？閑常來講，便是戲院，今回未講大睇之前，先要談談戲院，當時全港之大，祇有兩間戲院，一是高陞（這是從前舊的陞高）一是重慶。高陞戲院便是現在大道西地址，不過建築是兩層樓，約有四五間舖位的濶大，但中間的門面，依然是一間舖位不多，入門左邊是票房，右邊入塲，左右舖戶，統是海味店，戲院的外牆，純油紅色灰水，這是戲院外形，也沒什麼引人注目的地方，內方中設舞台，座位祇分兩種，一是椅位，一是板位，樓下的正中左右前後，不論遠近，一律板位，二樓除了正中是女界外（當時男女分座的）兩旁都是板位，花名叫做五百羅漢位，究竟是否五百？不得而知，但一排排，似得羅漢這般安置，至少也有五百了。重慶戲院在上環大安台，現已成普通的民居，這所重慶戲院，比高陞戲院的面積，濶大得多，牠的佈置座位，一樣是椅位和板位，不過高陞在大馬路，爲行人來往必經之路，當時德輔道西尚未塡地，干諾道簡直沒有了。所以大馬路行人熱鬧，有些人道經戲院前，無意中看見標出劇目，合意便購劵入塲，重慶戲院，以現在大安台來說，還是偏僻一些，是以重慶的顧客，不及高陞，爲爭取觀衆，於是競爭起來，大減劵價，加聘名班大老倌，劵價之平，講出來會令你不信，但本人見得多，還是小孩子時代，隨着長輩入塲，連那最廉之價，也不須一破慳囊，你想想那票價幾多呢？板位收伍個仙士，現在叫做「斗零」，椅位呢？兩個先士，爲什麼這般廉價？重慶志在頂高了，高陞恃在地位好，不愁沒有觀衆，重慶便不同了，見着高陞收價幾多，必要減過成半，果然大收效果，高陞不免失色，馬上大減其價便把生意搶回，因爲戲院不同別種生意，宣傳要費時日，今日演什麼戲，甚麼老倌首本，（現在說是主演，從前叫做首本）馬上票房便擠擁起來，兩院鬥爭鬥出把火，於是各出乾坤，定聘名班，從前定戲叫做買戲，由廣州黃沙吉慶公所，和八和會舘總經理，不論省佛陳龍江，鄉村神誕，必要來省買戲，安排日期，如果要定某班，預先幾個月，可能定得，若不預期，不輕易有的，祇有以未接有台脚代之，從前戲班全盛時期，每年六月十九埋班，班中人叫做「開身」，因爲班中自置紅船兩艘，分「天地」二號，隨時接定開行，廣東人叫開船做「開身」，現在話頭，還是未改，所以兩院有人常以在廣州買戲定班，志在必得，不過事情很難說的，從前幹什麼都是要經歷，經歷從經驗起，戲人還更重要，例如做花旦的，班中人謂之包頭，大抵演女角，必要頭中裹着，當時未有頭笠，種種假髮，先由啞口梅香起，進而開口的，更而最後列名的，由是遞升，按步就班，萬難獵等，據個中人說，當花旦的最難捱是第三名，小武也是一樣，人人必經階級，當三幫的時期最久，唱做念打，要得觀衆稱道的，然後由班主看起，躋上二幫，一升二幫，正印可期，但名班正印，實不容易，但一經列入名班正印，即有差池，也爲觀衆諒解，所以從前名角享譽數十年，純由觀衆大力支持，年節之久，例演通宵，某次端午節，重慶戲院是夕開演是「閨留學廣，途抱情牽」，是花旦蛇王蘇首本，高陞戲院開演是「水浸金山，仕林祭塔」，現在叫做白蛇傳，是花旦紮脚文首本，當時六十年前，花旦之最著者，均以「蘇」「文」並稱，戲行雖沒有考試，誰是冠軍和亞軍，但當時一般觀衆以雪亮的眼光，嚴格的批評，均以先「蘇」而後「文」，可見蘇比文爲優先了，是夕端午節，兩間戲院都是頂攏，不過蛇王蘇的重慶戲院，未開鑼鼓，已經滿座，還有許多立着等候開鑼，高陞呢？要開了鑼然後滿座、院主人也認爲失威，誓要報復，某新年演日戲，高陞是周瑜利的三氣周瑜；重慶是大和的金絲蝴蝶，「利」「和」是當時齊名的小武，說者先「周瑜利」而後「大和」，是日高陞先滿座，重慶後滿座，同是滿座，也有先後之分，其微妙如此。現在再談椅位和板位了，沒有對號，本來是先到先坐的，話雖如此，竟有人先行霸佔以待入座者，例如正中的十行前，必先有以長索子攔着位置，十位八位不等，竟有全行攔縛着，經這符號，長事者自不敢犯，其中不免有專以號位爲活的，難堪就是觀衆，祇有向沒有號過遠的位次便了，因此每次開演之前，因爭執以至打架，司空見慣，爲祇有驗票員，守閘員，沒有帶位員，觀衆入場，一切自理，那有不發生糾紛，再經二十年，太平戲院以新型的戲院突起，對海普慶戲 ，也先「太平」而興，改良座位，一切憑着號數入座，爭位的糾紛從此消滅，而票價同時提高了。從前的戲院，牠們的廣告，除了登小段在日報，貼街招，和按戶派「戲橋」外，還有担牌燈，這是一個濶而長中間窄的木架，外捫以紅紙，大書戲目及某伶首本，夜間內燃牛燭二枝，以便透光，沿街荷着，這是活動的告白，還有吸引行客注目，以高陞爲最多。數十年前，打眞軍器，必能賣座，如武松打店，殺嫂，方世玉打擂台，胡惠乾打機房劇等，雖在夜演，而日間已把五色軍器，陳列門前，某次更哄動一時，陳列一高逾七八尺的犯人籠，原來排演當日的時裝戲，縣令企生籠，可見數十年觀衆嗜好兒女英雄及時裝戲了。

十一、五十年來茶樓的歌唱者—龍舟歌—瞽師南音

本篇叙述的，就是五十年來茶樓的歌者，本來在從前茶樓是沒有夜市的，現在已大大不同了，換言之，不是飲夜茶，而是「聽野」罷了，當時娛樂事業，除两間大戲院之外，簡直沒有甚麼耳目之娛，大酒樓和俱樂部（當時叫做館口，俱樂部的會員，叫做坐館）這等地方，幾乎每晚也有開齋「五架頭」，有時還要大鑼大鼓，不過，那酒樓和館口，大大不是普羅大衆，可能享受，除是企在對方的騎樓下，作犀牛望月，所以平民化的開心，便要從大衆化的解决，當時有幾家茶樓老板，見得茶樓夜間沒有開市，爲徇一般有閑的要求，特別開放最高茶廳，例如最高的茶廳，日間茶價二分四厘，或三分六厘，晚上增加至四分八厘，等於現在七個銅板，便可飽受半夜耳福，不過，這是茶價，如果不吃東西，淨飲也無不可，但四厘錢一件硬頭餅，鷄蛋糕和合桃酥之類，或是糖椰角和糖蓮藕之類，在歌唱洋洋盈耳之中，嘆其一杯两件，也不足七分二厘，價值一毫之數，又何樂而不爲，茶樓在夜間特別開放茶廳，招徠聽衆，在初期是聘請唱龍舟的，這是廣東獨有的民歌，亢壯沉雄，大有鐵板銅琶，高唱大江東去之慨，龍舟歌顧名思義，是龍舟的歌謠，端陽競渡，金鼓雷鳴，別無其他音樂，所以唱龍舟的，胸懸小鑼鼓各一，自唱自敲，其中抑揚徐疾，所謂高低快慢，節拍嚴整，絲毫不能苟且，因爲純粹一種單調，不似得其他歌曲，種種音樂烘托，利於藏拙，龍舟歌調，有這般高古的價值，廣東人所同好，所以初期茶樓老板，聘請唱龍舟歌人，當時港方業此者不多，沒有什麽好歌人，於是向內地聘請，更以順德大艮等地，尤多名手，中環有名三多茶樓，前臨大道中，後面是威靈頓街，現在是一家酒樓，那茶樓從大艮聘請一位名歌人「龍舟松」，擅唱三國演義，尤以關張的古城會，和趙子龍百萬軍中藏阿斗，眞是有聲有色，在城樓圜睜豹眼，活現一個生張飛，一邊所唱大義凜然，臨危不變，過五關斬六將，千里尋兄，這位關公，令人起敬，還有趙子百萬軍中，保持幼主，出生入死，敵人喪胆，這種英雄氣慨，活現人前，龍舟松祇有一副動人面目，慷慨激昂的歌喉，還有一對小鑼小鼓，唱出這般神妙，現在還未有比較得來，所以這間茶樓，晚晚頂攏，開唱之前，座無虛席，老板當然歡喜不過，龍舟松也深喜知音人賞識，不負來港了，但

其他茶樓不免相形見絀，自問龍舟歌者，沒有勝過松叔，不如別開生面，另聘瞽師，因瞽師彈箏，（粵人叫做拉箏）還有「椰胡」伴奏，龍舟雖好聽，祇是一種歌喉，沒有轉腔，若瞽師便不同了，能作種種歌音，如南音，板眼，粵謳，甚而班本，也件件皆能，這時夜間歌唱的茶樓，紛紛由廣州聘瞽師來港，果然稍有名氣的瞽師，都來受聘，這時一般顧曲周郎，因龍舟聽到膩了，自然偏愛新刺激，往聽「盲公」，粵人叫瞽師是盲公，諸瞽師中，有名德的，這時他年已不小了，人人稱他是德叔，更有尊重一點，是德師，德師，翩翩丰度，涵義性成，眞有爐火純青的時候，他擅唱紅樓夢，如黛玉葬花，焚稿，更擅長自打洋琴，唱瀟湘琴怨一曲，這是南音，纏綿悱惻，如怨如慕，當着細雨絲絲，寒風瑟瑟，夜闌人靜，德叔如果打洋琴，唱瀟湘琴怨，令人聞之，飄飄然眞有萬念俱灰之感，他的歌詞動人心絃，有這般大力量，還記得童子無知的時候，打聽得德叔唱瀟湘琴怨那一晚，必央請長者，携往茶樓聽聽，當時實不懂唱甚麼歌詞，但愛聽他柔靡的歌喉，時已隔數十年，德叔的鼻裊餘音，仍是縈迴腦海，怪不得詩人話，「此曲祇應天上有，人間能得幾回聞」了，當時另有一位瞽師名「貴」，人呼他是盲公貴，也是有名堂由廣州來的，盲公貴和德叔的作風，絕對不同，他是擅唱諧曲，還有能人所不能的，可作種種男女老少禽畜之聲，如果他生在今時，百舌人的名稱，他不難獲得冠軍，他拿手唱板眼，是「爺們看燈」，和「呆佬拜壽」，他動作古怪，唱情滑稽，最難得是摹仿男女老少，禽獸之聲，維肖維妙，一曲歌詞，便要聽衆們哄堂大笑數十次，他是雙目失明的，你們笑，他偏偏不笑，你們不笑了，他便笑起來，你們那時不得不笑了，盲公貴不止是一個滑稽唱家，簡直是一個引人發笑者，以現在名詞，當然給他一個銜頭，是大笑彈了，其他茶樓，沒有德叔這般的歌喉，又沒有盲公貴的開心菓，不能不別謀對策，吸引聽衆，於是茶樓唱風，一變再變，以至第三變了，第三變是什麼？這是開今日歌壇的先河，演唱歌姬便是，歌姬尊稱師娘，她們的作風，和瞽師有別，瞽師唱的是南音，板眼粵謳，班本是不常唱的，有等簡直不唱的，但師娘簡直是唱班本，南音和粵謳，間或一唱，板眼認為過俗，完全不唱了，當時從廣州發掘一帮人材而來，著名的有桂妹，馥蘭等，分庭抗禮，各擁有聽衆，這時另聘大八音班幹員，全副音樂，到場拍和，凡十餘人，居然開唱大八音，便以師娘爲主體，所唱的全套劇本，由開鑼以至煞科，一套到尾，她們所唱的，在今日來說，是古曲古腔，從前呢？是名曲，這是人所共知的，梁山伯訪友，西廂待月，水浸金山，仕林祭塔，黛玉歸天，寶玉怨婚等，師娘的唱工，是腔口渾圓，板路純熟，更能以一人唱出不同的角式，這是師娘獨有的本領。

十二、瞽姬開茶樓歌唱的先河

瞽姬的歌喉，不論大喉，生喉，花旦喉，老喉（公脚喉），都優爲之，能彈能唱，最擅長的，彈琵琶，打洋琴，她們是失明的，而諸般樂器，件件皆能，比之眉精眼靈之人，許多許多，都要「執輸」在後，這風氣一開，演唱瞽師的，自然寂寞得很，瞽師的樂器，祇有自彈一箏，和一檀板，拍和者也是弄「椰胡」一人，怎能比上，拍和師娘的樂員這麽多，滿坐台前，如演大戲，有時簫管幷奏，聲韻悠揚，有時金鼓雷鳴，威風殺氣，果是聽者精神爲之振奮，唱者也是英雄氣慨了，老板以重價請師娘，還要聘請大八音中之名手伴奏，費用比唱的龍舟歌者僅一人，瞽師和拍和者兩人，現在多至十人，支出眞是不可以計，於是起茶價一毫，當時一角，比例現在一塊錢，但愛聽的人，不以爲貴，還說値得，實在計起條數，往茶樓「聽野」，貴過去戲院睇戲許多，但有等人，不愛睇戲，而愛聽戲，便貪其舒適，坐對一盅兩件，耳聽歌樂之聲，豈不勝過，百千人的擠擁戲院，一片嘈吵的聲浪，暑天時更不免汗流夾背，那時沒有電風扇，甚麽空氣調節這話頭，分明是牛頭不對馬咀，如果在茶樓「聽野」，眞是不同味道了，所以茶樓度曲，劃分三個時期，剛才說過，第一個時期是唱龍舟，第二個時朗是唱瞽師，唱瞽師時期是長久過第一時期唱龍舟的，唱瞽姬的比第二個時期比瞽師爲更久，這是耳目爲之一新，音樂員拍和多人，不止這個原因，唱龍舟和瞽師，都是人材有限，但師娘是不同了，她們學習多，人材輩出，瞽姬的生活，純賴度曲，若瞽師的生活，目的還是爲人問卜和占算，唱龍舟者是開明的人，生活門路更多，所以唱曲的專門人材，還是師娘罷——當時香港大部業餘的好音樂的人們，「稱是頑家」，以瞽姬學有師承，研究有素，法口腔調，務求認眞，每在公餘之夜，聘請名師娘，在館口或寓所開齊音樂拍和，據一般知音人說，瞽姬和戲班唱曲，不同處是瞽姬所唱的，絃索過序多，口白少，甚而純然不用口白，班中人所唱過序少，口白多，所以聽衆們樂於領受，更足紀錄的，瞽姬的詞曲，因雙目不能辨讀曲本，當時自然沒有像今日廣設有盲啞學校，祇有從師傅口頭教授，一字一句，一丁一板，清楚伶俐，絲毫不錯，不似得一般開眼的人，因他們恃着一雙明亮的眼目，所有都見着，教師也認定他們有目共見，不須要斤斤查問，所以許多事情，盲眼的人都比開眼的人精細，不是偶然的，古人說：「盲於目，不盲於心」，反過來說：不盲於目，而盲於心，眞是「瓜得」了。現在本人又記憶一件茶樓因爭請師娘事，幾乎把事情擴大到了不得，這件事情，或許前輩也有記憶的，如果少壯派，自然不知其事，也可作舊聞新聽，好兩杯的好朋友，也可作爲舊酒瓶，載新的燒酒吧！當時上環大馬路近東街口，有間中等的茶樓，最貴的日市茶價，祇係二分四廳，老板見得夜市茶局，行家做得大行其道，他便不甘寂寞了，親身跑往廣州，聘請師娘，他想想，所請大轎師娘，這是廣州名瞽姬，出唱，定要坐轎，叫做出轎，這句話頭，可與行時醫生，出轎稱呼，不相上下，但大轎師娘，資格老，名譽夠，做那一行都好，凡資格夠照，相貌未必也是夠照，老板故走偏鋒，不論資格總要年少貌美，唱情好，法口熟，便合資格，在廣州仙湖街瞽姬集中地方，出齊這班酒肉兄弟，一晚兩晚三晚，果然在第四晚，眞是得心應脚，因爲行了幾晚，難爲一雙劃鬼，豈不是得心應脚，多得一位皮鞋四姐，介紹一位年少貌美的師娘來，一見便合，但要試試她的歌喉，問她拿手那一枝曲，她便把淺淺的梨渦，閱者不要誤會，這是梨渦，絕不是秋波，這一對酒凹，活現鵝蛋的面上，便唱出拿手曲本，是「女燒衣」，因爲曲本中，有男燒衣，和女燒衣，女燒衣是多情妓女，在盂蘭節中，祭奠她的短命情郎。這不是班本，是解心，解心的腔調，介乎南音與粵謳之間，絕非易唱，所以甚少人唱，這位年少貌美的瞽姬，居然能唱，更有纏綿婉轉嬌貴的歌喉，這位老板，馬上定實，出厚聘金，另改新名，叫做「福仔」，一早便携她搭日船來港，即晚便在茶樓門口，貼起長紅，即夕由廣州來名姬福仔登台演唱，三天一律不收茶價，第四晚茶價四分，第五晚收足一毫，福仔的名堂，幾日便走勻四個環頭，（當時灣仔叫下環，中環上環西環）當時某同業用起銀彈政策，一個月後，這個年少貌美的福仔，居然在中環大馬路這間大茶樓出現了，自然是頂攏爆塲，上環這茶間樓的老板，開埋并給人食水，心有不甘，班齊埋成班拍手，話明要去中環踢檔，更要捉住福仔，盲眼打番開眼，中環這所茶樓，也不示弱，甚麼兵來將擋，水來土掩，但福仔萬分惶恐，决意跑回廣州大城，兩間茶樓，見得兩敗俱傷，大家妥協，把福仔春色平分，風潮於是寢息。

十三、茶樓女伶唱曲的元始

上述師娘實在開茶樓歌壇的先河，現在要講歌壇的演唱女伶的先覺者，這間茶樓，就是武彝仙館。武彝仙館，聽着這個名稱，何等幽雅，眞正無限詩情畫意在其中，武彝是我們中國名山，在福建崇安縣南三十里，便是仙霞山脈的起頂，山上產茶，名聞中外，茶樓名爲武彝，加以仙館兩字，這位茶樓老板，不愧是一位風雅之士，可惜名字雖存，在不忘的腦海中，其實已無有，現在另改別名，地位依然一樣，我們試向大道西行，和興西街對面，又是發興街口左邊，現在一間茶樓，就是武彝仙館舊址，自從茶樓盛唱瞽姬，武彝仙館，便崛起在上環大馬路之中，佈置堂皇，宣傳有術，果然大收旺台之效，主人本來是個音樂家，所結識絃歌之士不少，純因演唱女伶，獨開生面作風，所以開辦武彝仙館，亦是意中事，當時歌壇台柱，擁有第一流的歌伶，眞是一時無倆，如花旦喉之琼仙，生喉之燕燕，平喉之小明星，大喉之飛影，音樂自然是一流名家，還有禮聘好幾位音樂界名宿担任，所謂牡丹綠葉，相得益彰，當時捧場的除每晚一般顧曲周郎之外，武彝仙館刋印有歌壇特刋，特聘名家担任撰述，每當華燈初上，聽衆如雲，美點香茶，笙歌盈耳，以上專聘的歌伶，各人有各人的知音，從秩序表中來來去去，實在不少，如愛聽瓊仙的子喉，她的鐘點是八時至九時，她的擁護者，八時必定集合，一曲清歌，洋洋灑灑，鐘點已完，歌者翩然而去，她們的擁護者，都隨之下台，初時祇有武彝一家，自然沒有發生什麼印象，其後各茶樓紛紛開唱女伶，爭聘名角，於是一般歌伶，一夜走匀各方面，一羣擁護者，亦隨之走，一時風氣所尚，不以爲怪，反覺是風流韻事，當時本人創辦香江晚報，爲徇閱報者之請，特闢歌壇月旦一欄，歡迎投稿，果然吉光片羽，珠玉紛披，讀之令人忘倦，而知音人每在晚飯之後，先讀香江晚報歌壇月旦，然後認定某某茶樓，今晚幾時，在某茶樓演唱某一曲，依時往聽，不致廢時失事，如飛影和佩珊合唱夜戰馬超，或瓊仙擅唱的燕子樓等等，這張香江晚報，先行報導，似得今日賽馬的馬經，取得貼士，落塲正有把握，但平章菊部，這是風雅的事，不比得馬場博彩，所以香江晚報，特闢專欄，也是起紙無數，記得歌壇全盛時期，大部份晚上有閑階級，都趨向聽曲，武彝仙館主人梁某，印發專論，請公開批評歌姬，以聲色藝三項發爲文章，但他的例言，第一講聲，便是歌喉，藝是唱情和板路，色是附屬的一種，本來唱歌的重要條件，是聲藝，色無助於聲喉，不過聲藝既佳，如果天賦以色，這是盡善盡美，但主持評判已故潘賢達先生公道話：聲是最重要的，全部的七十分，藝不能不講，但可造就的，士別三日，刮目相看，所以藝能突飛猛進，不能劃一標準，而色呢，實是多餘的條件，凡屬成名的，必不是平步青雲，按步就班，浸淫時日，年紀不免長大一些，所以論色，實屬無謂，演戲則大大不同了，因爲舞台的錦幕一開，老倌們首先露臉，然後唱做，雖然，歌伶唱曲，也要露面，但她們不是以色相取悅觀衆，祇以歌喉動人，何須求於面貌之美與不美。潘賢達的意見，果是不凡，便把色的積分取消，祇要聲藝便算，但這次批評，不是劃分歌喉那一類，祇是個別的臚列舉出，不分冠亞季軍，以上的名歌伶，各有所長，各有獨到之處，因子喉不能與生喉幷論，大喉又不能與平喉幷稱，分門別類，各有千秋，不過以我所知，歌喉之綿纏悱惻，動人最深，莫如燕燕，歌姬燕燕，一般知音人講，小生的玉喉，五十年前，當以班中小生聰，首屈一指，本人對於小生聰的歌喉，也耳熟能詳，聰伶唱來，確是嘹亮，但過於高亢，豪邁有餘，溫柔不足，殊失多情人的體貼入微意旨，後有小生太子卓，也是玉喉，唱來纏綿盡致，但吐露字眼，有時起伏不齊，燕燕天賦玉喉，唱來一字一句，果是一個失戀人的流露出來，現在我們從唱片不時聽着燕燕的遺作，西廂待月，寶玉怨婚等等名曲，記得當時燕燕在中環某著名茶樓唱斷腸碑，唱至祭坟那一段梵音，忽然隆然一聲，在四座傾耳肅聽之時，正是鴉雀無聲，忽有怪聲，座中人目光一齊注射發聲所在，原來有少年人倒在地上，面白如紙，口流白泡，昏倒在地，不醒人事，一時「亂晒大籠」，茶樓老板，狼狽萬狀，要打電話去醫院，當時未有九九九電話這樣方便，總之手騰脚震，眞是「這便如何是好」，後來聽衆中有位中醫生，叫人們不要大驚小怪，這位睇脈先生，不慌不忙，在長衫袋裏，檢出一盒藥膏，對着昏倒的「後生仔」頭部猛擦一輪，少年漸漸醒來，大哭一囘，眼水鼻涕一齊來，眞是如假包換，當時各人見他醒來，不怕「瓜斗」問他是否「發神經」。此處是茶樓，「三唔識七」，如果要嚇人，就要畨去嚇下個意中人，得生仔聽着更慘，他說：唉！我就痛惜我個意中人，十足燕燕小姐唱出一樣，不同的就是曲中夜間去祭奠，我呢在日間去祭奠吧了，各人見他傻得幾勻循，安慰一番，當時燕燕下了歌台，也來安慰幾句，這個後生哥，才息心事，有人話燕燕與後生哥，似得古人話：惺惺惜惺惺，還有下文，是否屬實，著者恕不負責，總之，燕燕歌音動人，果是不同凡响了。

十四、大八音的全盛時代

著者前曾述過，五六十年前戲院和戲班的連帶關鍵，因此，不免聯想到音樂和歌唱方面，在數十年前，大八音班和戲班的興盛，不相伯仲，因爲大八音館的班名，也和戲班一樣，如人壽年，周豐年，國豐年之類，許多地方建醮，也聘請大八音，以娛聽衆。先講現在荷李活道的文武廟，我們行經廟前，見有對方廣濶的地方，兩旁蓋有小型的店子，理髮，小食，和其他付物的攤子，從前是空曠，專留作蓋搭醮棚之用；每逢舊曆三月初三文昌誕，五月十三關帝誕，和七月十五盂蘭勝會，便蓋搭極大的醮棚，除內分正壇，聘請和尚或道士誦經外，大棚高懸燈色，和故事的幅套，從廣東人話頭，叫做「綢衣公仔」，所謂燈色，叫做洋燈，因爲點火水的，軸心是總管分開四邊，總是火水灯，其高過丈，最多的一枝可有過百盞燈，七彩繽紛，光芒奪目，綢衣公仔，每套像得舞台上的安排，相頭多的有五六十個，其中也有活動的，當時叫做睇醮，但八音棚是向外的，來往行人，一目了然，這個八音棚，現在是賣花生的一邊，八音棚高度盈丈，面積方橫也有二丈餘，很像一所小型戲台，中懸班牌，開鑼之夕，高懸兩邊虎度門簾，是顧繡洋金線，堂皇華麗，惹人注目，開台之夕，也像得戲班賀壽加官送子封相（戲班首夕，祗是賀壽，封相，第二天才演賀壽，加官，送子和玉皇登殿，八音便在首夕，一齊演唱，還有精彩的鏡頭，是戲班沒有的，是舞大鈔花，大鈔便是鈸，八音棚，表奏完封相之後，跑出了一位壯士，打扮是也像舞台的武角，腰懸紅綢紗帶，顧綉出獅子滾球形，穿綢袂，踏金線靴，但上身則着雪白窄衣，後來線衫，民國前，便盤辮髮在頭上，威風凜凜，英氣勃勃，密鑼緊鼓。以助聲勢，壯士便把大鈔舞動，左右盤旋，上下撥動，五花八門，曲盡其妙，始而人鈔并見，當他舞至最起勁的時候，眞眞見鈔不見人，那時還襯以金鼓整天的响聲，舞到高興時，還舞橋櫈，叫做橋櫈花，令到觀衆眼花撩亂口難入，這是好睇過戲，舞大鈔的時間，有時竟超過一小時，視乎舞者的精神和藝術，如果舞者愈演愈精神，羣衆愈看愈興味，喝以倒山大彩，五六十年前，羣衆看也好，聽也好，當着淋漓痛快的時候，高聲叫好，我國不分南北，也是一樣，甚麼叫做鼓掌，一概不知，祇知喝彩便是，不過大家要知道，喝彩是贊好的，不是喝倒彩，喝倒彩，廣東人叫「柴台」，如果演唱的被人「柴台」，眞是「鈴鈴」都要「揼埋」了，重駛撈嗎？舞鈔花，當然不是喝倒彩，有這美妙的民間藝術，本人也不看見二十餘年，還有這般神技沒有呢？要領教八音的老行尊，才得分曉，舞完鈔花，繼續演唱出頭，日間劇本，叫做正本，夜間叫做出頭，演唱是整個劇本，足有四小時多，也和劇本一樣，例如百里奚會妻，背解紅羅，七賢眷等等，都由劇本來的，八音藝員，重要的是唱子喉（花旦），生喉（小生），大喉（小武），老喉（公脚），雜喉（男丑），一律是自唱自奏樂的，所以八音棚上，排列坐位，不會超過十人，演唱時間，都以生旦喉居多，雜喉比較小的，不過雜角也有重要的工作，每晚完結這一出頭之後，輪到那雜角演唱了，那時他不唱劇本，所唱的是廣東民歌，板眼，龍舟，南音，又名木魚，但以板眼爲多，板眼是廣東民謠，別有幽默感，自唱自白，主要的樂器是「渕板」，那時雜角，手執檀板，坐在棚的正中，口角風生，突梯滑稽，引人發笑，似得舞台上的男丑演戲，這一幕演唱，比之開鑼後舞大鈔花又是不同，看舞大鈔花，看出英雄本色，豪氣奮發，聽板眼，愈聽愈好笑，消愁解悶，勝服過一劑平胃散，怪不得當時許多人好聽八音，甚於睇戲，因爲一是積極，一是消極，也是令人蕩氣廻腸，板眼的有幽默感，人所共知，有是呆佬拜壽，爺們睇[illegible]等等，十年來，戲班丑角或其他角式，好唱板眼，這是從前八音所唱的腔調，可惜八音業已成廣陵散，板眼舊調，依然流傳，可見民歌，自有其眞價値了，本來眼板曲子，是瞽師擅長唱的，已見瞽師專文講述，從前荷李活道的東街和西街，這是八音館的集中地方，處處的騎樓，伸出長形紅的布招牌，大書牠們的班名，承接落鄉台脚等字眼，另有註明手托戲另議，這是八音，兼營木偶戲的，關於木偶戲留待另講，在五六十年前，大八音爲時所尙，這般主要，因爲許多地方神誕也好，建醮也好，一爲地方所限，一爲金錢所限，兩種也不能蓋搭大戲演棚的，便樂於僱請大八音演唱，有人說：大八音中許多歌喉，即使伶人，還趕不上，從前許多名伶，都由八音班中出身，天賦喉，後習做工，更易成名，現在大八音，雖然不為時流所尚，但小八音也不能偏廢，例如吉凶二事的「坐堂吹」，業餘的唱家，不時需要音樂員，湊足拍和，不過現在的名稱，比前轉變，不稱是八音人員，稱作音樂人員，還有老行尊，設課授徒，不要說他們是過氣老倌，目前許多播音和歌壇明星，便是他們的高足弟子，本來八音的稱呼，由來已久，周禮講：「播之以八音，金，石，土，革，絲，木，匏，竹」，佛家語：「如來所得的八種音聲，使人感化，不生惡念」，所以愛好音樂之人，他們品格修養，都是超人一等，感人也是很深，孔門六藝，禮樂射御書數，足見音樂的重要性。

十五、游樂場的今昔觀

現在香港市民，想消遣的不愁無去處，你想由頭至脚，由皮膚到透心涼嗎？公共的游泳塲，還有許多乜乜灣，物物灣的私家棚；你想脚震嗎？夜總會「多羅羅」；想飲想食嗎？酒樓茶室，西餐館，飲冰室，經濟的有大牌檔，與小販檔口；飽眼福呢？更多更多，戲院，不過，聽野的，歌壇，實在太少太少了，少到怎樣？全港九祇有一所游樂塲，在九龍荔枝角道，碩果僅存，似得亞乜中頭彩大馬票獨得。回想四五十年來，游樂塲在本港方面，西邊有太白樓，東邊有名園，愉園，最後更有利園，太白樓現在是西環太白台，我們乘電車或巴士去堅尼地城，從內街高望，見有級石重重，數以百計，中有水坑，最高之處，便是太白台，臺上居民，守望相助，恬然自得，這就是太白樓當年地址，如果老人家少時登臨過太白樓，今日故地重游，不免有今昔之感，兒時隨長輩游太白樓，眞有「玉樓天半起笙歌」之概，樓主人就地取材，利用山形蜿蜒，建成亭臺樓閣，奇花異卉，參差上下，如入畫圖，內裏設備，除了游樂塲必有之外，如舞臺戲，音樂亭，唱書臺，練靶塲，鞦韆架，滑機子，木馬園，最得一般文士雅士歡迎，還有打燈謎，敲詩鐘，圍棋，即席揮毫等韻事，先伯父認為得意之作，他說：一次，詩鐘得題，一邊是老虎，一邊是盲妹，先伯父題老虎是「威加兩翼兇難制」，盲妹是「嫁得重瞳恨始平」，名列冠軍，所以太白樓這所游樂塲，不止迎合普通人士心理，一般文士，不時雅集，所謂雅俗共賞，老少咸宜，東邊的名園，這是七姊妹，現在北角地方。愉園，是養和醫院舊址，名園的地方，與太白樓絕對不同，這是面積平方的，雖無樓臺之勝，但佈置得宜，運動器具，應有盡有，主事者仿照上海「大世界」，「新世界」游樂塲辦法，一時吸引游客不少。愉園形勢天然，大有登臨攬勝之概，加以人工堆砌，像得一座盆景，花剛石山。名園與愉園，時間雖有先後，但停辦愉園先于名園，愉園地形兀立，日光與空氣清新，改爲療養院最是合適不過，名園地方廣濶，建設民房，更爲適宜，不過當時地價，不似得現在這樣高昂，所以名園雖然停辦，經一個時期，闢作片塲，又有一個時期在一九三七年，本港鐘聲慈善社，舉辦萬善緣勝會，廣東人叫萬人緣，當時因潮汕水災，响應急賑，萬緣勝會的重大意義，就是追悼死難同胞，一方更能厚集義欵，賑濟受災同胞，弔死救生，爲善最樂，不能認爲迷信，因物色廣大塲面，徵求名園主人同意，當時十二分感謝名園主人，熱心慈善，免費借出名園全塲地方，爲萬緣勝會塲所，這回轟動整個港九新界同胞，還有廣州四鄉，和澳門中山各方人士，都來香港參加這個偉大的勝會，這個塲面的偉大，算得本港空前未有，止壇分僧道與居士拜懺誦經，僧人道士由國內名山禮聘來港，居士由本港九龍各方居士林全體報效來，所以經壇，都有二十幾處之多，附荐 ，劃分甲乙丙丁，其他輪回故事，世俗人叫十王殿，應有盡有，俗語說過：無巧不成話，「有咁啱得咁橋」，在七晝連宵中，剛剛第二日，天文臺居然掛起一號風球，主事人都不爲意，不料一到下午陰霾四佈，風勢漸大，天文臺便轉了第五號風球，主事人發生恐慌，因爲全部都是竹笪葵蓬，事前實在無從收拾，祇有佈置所有，可能事前收藏的，便收藏之，入夜七號風球，再夜九號，九號風球了得，最是担心，就是長旛的寶塔，高度的尺寸，我也忘記了，但舉頭來望，倒有五層樓高，須知長旛，俗話旛杆，又有旛杆燈籠，「照遠唔照近」呢句話頭，便是光從最高處射出，即是高燈遠照，杆又從曠地竪起，又不是石矢大樓，先從地脚打樁，即使沒有風來，也有點搖搖欲墜之勢，何況長杆竪起，在九號風球中抵抗，亞乜話齋，重有賸嗎？一夜颶風，百年老樹，連根拔起，好幾處碼頭，也打得十零八落，第二朝雨過天青，主事人相見，祇有搖頭嘆息。這個萬人緣，眞是完塲之完，但是天下事，往往出人意外，一羣主事人，絕早便跑到名園，準備如何收拾殘局，未到園門，從遠處望，依然見着長旛塔頂，屹然不動，一羣主事人，初時還以爲心理作用，眼光發生一種幻影，行近睇眞，果然照舊一樣，人人驚奇說道：這不是竹塔，是穩如鐵塔。還有奇者，就是所有大小棚，都是原封不動，祇有這一位神高神大的地方神，仆倒地上，人人見了，都大笑話，他是地方神，昨晚打風，大抵番去住家，所以未能保持自己個佛像，也是不定，計萬人緣，居然籌得十幾萬元，用來急賑水災，都算一個奇蹟。再講利園，大抵本港人士可以記憶，利園當時的游樂塲，可算是規模最大者，眞有五步一樓，十步一閣的景況，因爲整個渣甸山，開放佈置成利園，依照山形建設，更加人工的構造，普通游樂塲，都是陳陳相因，但利園攬山林勝景，都市的熱鬧，不愧四季咸宜，現在開闢成街道，樓房鱗櫛，大厦連雲，人們今日觀光新開的街道，大可聯想當年利園，地方的偉大，從利園正門之右，曾有東區游樂塲出現，規模較小，二次大戰和平之後，不復存在，現在亦已建成樓房，頓成鬧市這裏屬銅鑼灣地方，行人肩摩轂擊，夜間還比上中環熱鬧，當局積極發展市容，更令這一顆東方之珠，放出光芒萬丈，怪不得世界人士，心目中都以一遊天堂爲榮了。

十六、六十年前的留聲機和唱片

音樂與歌唱的一類，在從前來說，任是怎樣悅耳，想再聽嗎？除是再來一出，否則眞是能得幾回聞，爲什原故呢？當時未有唱片，甚麽入碟，又甚麽叫錄音，聽都未聽過，自然沒有此類玩意，但當六十年前左右，偶然在街邊，許多閑人圍住來看，當時的我，是個小孩子，又矮又細，被埋頭的高大佬遮實，睇不着又不敢打尖，祇有把耳作眼，聽着什麽，原來有人大聲疾呼：聽留聲機器快來，「一個仙一枝」奇怪奇怪，聽機器，一個仙一枝機器，機器聽下都要錢，果是抵租，小孩子即是小孩子，好奇心勝，無論如何，都要睇睇，然後散一個銅板，于是把身一遍，把頭一捐，居然打左入圍，「細佬仔」的英雄主義，都幾得人驚，原來留聲機器，是如此這般，乍見似得衣車的車頭，睇落自然不像樣，原來中穿一個筒，似得玻璃水杯大，套一個唱咀，唱咀上有枝細小似得花針，搭正個筒，筒色深黃，光靚靚，當時人人都話係臘筒，如果現在膠質大行其道，一定話係膠製，不過六十年前，膠的製造，是絕無的，所以人話臘，我又話臘，細佬仔，識乜野呢？你估似得今時的小寶寶，咁精乖伶俐麽，這副機器在機頭套着十幾條小皮喉，司機的收了每人一個「先士」，每人便把小皮喉：塞在耳孔，我自然不在例外，司機人見聽衆戴起小喉管，齊齊塞入耳孔，便把手在機頭絞動，現在我可話「上鍊」，此人一面上鍊，我的耳朶裏便聽到微微的音樂聲，在今時懸想，必定是西樂；什麼交響曲，從前不理什麼，我地貴國人，但凡聽見西樂响的，上至八十歲公公，下至三歲孩童，衆口一詞，話，哈！個的乜乜佬，又跳丹臣勒，不知到「蓬測」，「蓬測」，正是跳丹臣，但當時拉埋一句講，祇知有跳丹臣，不知其他，我塞了兩條小管，在耳孔裏便，正在聽到津津有味，那人停手不絞，我一雙耳朶馬上默哀三分鐘，沒有得聽，有人問佢，老友，爲什麼這樣咁短癮？那人笑說：不是「短引」，一個「先士」係咁多，想聽野，再給一個先士，有得過引，好多再畀一個仙士，又試聽過，當時我係一個「細佬」，媽媽畀個先士過我買野食，地庄係咁多，不得已由個條友收同小管，閱者諸君，參加大規模的會議塲所，定必用過，戴起聽筒收音，即如醫院病人，他們床頭，人人置便一副聽筒，在寂寞時，自由塞入耳朶，聽聽電臺播音，初時之留聲機器；不是播放，而是個別的塞耳收聽，數年後，改良了，改用唱碟，我記得清楚，是龍嘜唱片，唱咀再套一枝粗針，另製的叫做留聲機器，還有一長而窄，十足一個喇吧形，上了練後，盆輪走動，聲音由喇叭管透出，這是與衆樂樂，不是一個先士塞條小管在耳仔孔，當時有一架留聲機，吧閉極了，重交關過有架二盆三盆花的乜乜牌子新型汽車，大姨媽借，二伯母又借，三姑，六婆，安人，大娘，幾乎五親六戚，街坊鄰里，都要借勻，他們借得之後，拖男帶女，扶老携幼，眞是睇一臺戲，都沒有這交關，聽者快活了，難爲借出來個人，辛辛苦苦，晩晩走台脚，賺餐消夜．濶佬的，整兩杯，慳皮呢？煲煲糖水，潤下喉嚨算數，其實龍嘜碟，灌片絶不玲瓏，唱出來十足十含住一個白杬一樣，因爲我當時有副傢伙傳家寶，所以我記得清楚，再過十年，即五十年，有百代公司出現，公司規模極大，專營唱機唱片，以巨型留聲機發售，唱咀不需鋼針，而用石針，省却換針煩厤，講到唱筒宏偉極矣，雖然是喇叭形，像牽牛花一般，濶口徑有四尺，長度有六尺，唱片面積圓濶，片面可抵其他出品，全面之多，唱片初時單面，其後雙面，聲音洪亮，音樂悠揚，重聘名伶賛片，一時風行海外，最受歡迎者，有全套唱片，至半打以上，不止歌唱動人，更能宣傳國計民生，極大助力，國父孫中山先生的建國方畧全書，聘請革命元老演講出來，其時改元民國未久，一般學校與大社團，每於集會之時，在禮堂放出，聽者動容，片長凡八面，百代公司，能知先務，其營業之發達，非倖而致矣，當時未有電台，又不與播音器，入民國後，港中同胞，漸多趨向耳目之娛，留聲機與唱片，銷暢甚大，所以機片的公司成立，似得雨後春筍，蓬勃一時，有某公司，發行新型唱機與唱片，比百代公司輕便，而聲線之清明，比百代或過之，一時民衆又趨向那公司採購，現在該公司音樂器具，在香港建樹地位，但百代公司不存久矣。留聲機初時以小管由耳朶透聽，更以筒形唱具，繼而叭吧管，從唱片透出聲音，再經百代公司與現存之某公司改良，精益求精，幷連唱筒也不需要，自動唱出來，年來聲機，構造更爲進步。大家共見，現在記憶起從前有某公司，牠的唱片商標，是一頭家畜，這是好的命意，是能辨別主人聲音，換言之，公所司貫聲片，純出原音，決沒有一點失檬，根本這所公司唱片，亦是極好的唱片，不知何故，民衆間起了誤會，發生問題，後經解釋，恍然大白，可見當時人民智識水準低下，遇事不求理解，只有盲目附從。

還有好笑的，有個大鄉里，乍然聽過唱片之後，由驚奇之心，變了驚慌之心，靜靜地對人講，我在鄉下逼地睇大戲，最多戲人出臺是六國大封相，連打大番的不過百人，現在明明轟獨轟獨狂，打封相，個副機器咁細，不能夠藏得許多人呢？大鄉里便是大鄉里，不過當時沒有常識罷了，現在大鄉里的智識，許多自認有智識高超的人，還比大鄉里不上呢！

十七、紀念開埠五十年首次大會景

說到香港會景大巡行，在數十年來也有許多次，最近七年前英皇加冕和銀禧大典，英老前皇登極大典，同胞們多數記憶得來，不必在題內講及，現在是香港第一次出會，係紀念開埠五十周年，有人問我，計起條數，香港由公元一千八百四十二年，計至現在今年，已有一百一十七年，如果紀念五十年，豈不是已經六十七年，有人問我尊庚，看過大會，還要種種記憶力，豈不是八十杖朝之年，不敢不敢，首次出大會的會景，由長老對我講的，所以當時的情景，歷歷如繪，因香港出會，老城人睇過，後生哥睇過，甚至「細佬仔」也睇過，但開埠五十年大會景，非長壽翁不能，本人未撰此之前，先先向曾經睇過這一次會景，一般長者祝福祝福。話說一千八百九十二年，恰是香港開埠五十周年，當那時候，香港雖然經過五十年的經營，人口未發達，地方自然不甚繁榮，所以當時各行工商爲繁榮起見，藉着五十周年大慶典，出大會景，使廣東內地同胞，來港觀光，果然各行工商業，一致响應，關於民眾集會，迎神，賽會，演戲，建醮等等，事前須取得華民政務司許可，然後籌備進行，此是老例，從前如是，現在也是一樣，於是各行工商業，派出代表晋謁華民司憲，十二分贊許，除了協助一切，予以便利之外，還有豪情雅興，徵聯求教，這徵聯上對是：「思五十載恩波，雨露臣民齊向化。」下聯自然許多佳作，分冠亞季及殿軍，許多獎品，但日子太久，聯統統都忘記了，各行聯合起來，分任值事，現在當然是某組委員會主任委員與委員，從前這人，老老實實，以爲委員是一個了不起的大人物，所以值理都不便稱，值事便是值事，這一班值事，幾百人，分組辦事，當時未有總商會，更未有總工會，成立一個機構，叫做公所，但凡地方無論什麼會景慶典，街市五行，除了眞是不能成事，五行就是，鷄鴨行，牛羊肉行，鮮魚行，菓菜行，猪肉行。當時自然不是用着五行工商總會等名稱，但他們的聯系的團結，從前與今日一樣，所以但凡有會景，必由五行首先報效景色，例如金龍，銀龍，綵龍，以上必要他們担任，因爲別一行人，不容易選辦出許多許多壯士，但凡以大規模的龍計，舞龍壯士，要分數班，不斷的轉替，連同事務員，在數百人。最吃力的，這幾位龍頭龍尾壯士，還有舞龍珠，和扮演大頭佛的，兩人的神態絕對不同，舞龍珠這位壯士，莊嚴豪邁，雄糾糾引導龍的行踪，飄忽迴翔，大有神龍見首不見尾之槪。扮大頭和尚這位先生，便要手提葵扇，突梯滑稽，引人發笑，這一次出大會，扮演大頭佛的，令人笑上加笑，原來有一天，會景巡行至大道中，忽然落起雨來，秩序未免亂一點，大頭和尚的頭顱，是戴在頭上，用紙模做成，油成顏色，這位先生，過于小心愼重，誠恐「泵煁」個和尚頭，這位先生，雙手㩒實個頭，不是落荒而走，從騎樓底而走，從前騎樓底必定掛有商店大燈籠，這時五十周年慶典，每一間舖頭，騎樓的敬神燈籠，與店號燈籠，光輝奪目，大頭和尚攬住個頭，向騎樓底走，自然要從燈籠底下過，因避雨之故，許多睇會的人，在騎樓下，擁塞不開，忽然見着大頭佛，㩒住個頭，走夾唔抖，羣眾華然大笑，「好睇好睇，大頭和尚損燈籠底」，閱者諸君，捐灯籠底何以值得這般好笑，請你們領教下捐過燈籠底的前輩，便有圓滿的答覆。不過，香港表面是禁娼的地方，如果想捐燈籠底呢？要行遠的。大頭和尚捐燈籠底一段笑話未過，會景最後一天，又鬧出第二段笑話來，事情是如此的：從前消防總局，叫做水車館，現在是何東行址。前門是大道中，後門是威靈頓街，地形和現在一樣。會景最後一天，各機關都懸賞錦標，這所水車館，不能例外，這位局長，一早在三樓懸出了錦標兩枝，還吊上一串十餘張的一元紙幣，先由一武館，這一位教頭，表演獅子上樓台，演出采青技術，從長竹竿扒上，揚威一回把青采去，最後便是龍來，出會景慣例，舞龍必是殿後，雖有龍幾條，但最後這條銀龍，矯健活潑，加以銀光燦然，昂頭掉尾，肖妙如生，舞龍壯士，擊鼓揚威，鳴鑼助武，眞是似得生龍出海，知到局長懸賞錦標，表演穿龍門一幕，局長與屬員，在樓上憑欄鑒賞，大馬路兩旁樓上，與街上觀衆萬頭攢動，正當舞到起勁，蝴蝶穿花之際，掌聲如雷，觀衆得意忘形之中，水車館火警鐘猛响，「冇牙老虎」最得人驚。當時火警鐘規定，火警接到，警鐘亂響，然後留意那處火燭，一下是下環（灣仔一帶），兩下是中環，三下是西環（又叫西營盤），但當時一聞警鐘亂響，人人「發起大矛」，那有閑心寧耐，收幾多下，那一處地方，秩序大亂，人潮洶湧，水車出動，人們走避，「亂晒大龍」。講番個條銀龍，龐然大物，進退維谷，好在龍頭壯士機警，馬上轉過威靈頓街這一邊，滾作一團，不敢動彈，後來聽眞警鐘，慢慢打一下，復一下，才知是灣仔小火，但銀龍在後便打滾龍，又鬧出笑話來，這是五十年首次出會的小插曲，先夕在某宴會上，得遇本港耆老李葆葵先生，談及五十年紀念會景，涉及這類笑話，爲之解頤，計這塲大會是首創，觀衆認爲得未曾有，不過，在百年來，即第二次和平以後，不計，每次出會，除了龍獅還有廣東潮連的紗龍，福建的雲龍，佛山秋色，潮州音樂等必有外，高過二三樓的飄色，過於冒險，不准扮演，已成例禁。

十八、寶雲道的姻緣石

同憶童騃時期，在梁老師這間書塾，讀過三本紅皮書，便讀四書，同學都有十幾人，有一日老師講論語，講到子不語，怪力亂神，有一個同學花名叫做「麻甩仔」，我們廣東俗語有話：「唔怕生壞姓，至怕安壞名。」麻甩仔，係人家改的，幷不是自己大號，不過，渾名是沒有錯的，于是乎麻甩仔三個字不脛而走，個日麻甩仔認眞留心聽講，坐着書位，如老僧入定，梁老師十分贊賞，行近他跟前，正想贊他一句「孺子可教」，不料行近他的書位，梁老師赫然震怒，一副岸然道貌的面孔，一變，變成什麼？像得麻甩仔個墨硯一般，他的面不變包公丞相，原來變左伏虎個位元壇元帥，爲什麼這般撞火，原來麻甩仔聽書都會熨箱，書枱個本的的確確係四書，個係柜桶攤開個本聊齋，當堂氣到梁老師怒髮冲冠，對眼呢？火遮了，居然齋聊兩個字，讀做「耶齊」。大罵麻甩仔，有論語不聽，去睇耶齊，麻甩仔居然提出抗議，他說先生莫寃枉人，睇便是睇，不過不是耶齊，實是聊齋，梁老師愈發老羞成怒，諸君須知，老師讀錯字，等於藥材舖掌櫃先生執錯藥材，眞是一番焦累，當堂行起刑來，要罰麻甩仔跪聖人認錯。梁老師判決麻甩仔後，對住我們特別訓話，他說：「怪，力，亂，神是聖人一生不語的，小子志之，小子志之，不妨三復斯言」，我聽過梁老師這番金石良言，不敢講神鬼妖怪之事，今日題目恰巧談到呢段神話，還有幾段怪事繼續講出來，違背師言，豈非不肖子弟，諸君千祈勿誤會，所講神話簡直神話，不過香港人人所知，人人都這樣講，既然人人這樣說，我又何妨照講，你是三文两件買來，我就两文三件賣去，從前王漁洋先生題聊齋一書，有「姑妄言之，姑妄聽之，豆棚瓜架雨絲絲之句」我借來點綴一下，現在所講是石——有人話知到了，一定係「姻緣石」，諸君忒聰明，一猜便猜中了。姻緣石—論呢塊石頭，都有資格在沓港掌故一談。姻緣石本來是一枝石筆，但人叫佢做石筍，我們不妨由中環坐渡海小輪，向寶雲道東便留意向東段望去，就看見有一枝石筍，似得插向天空，好像我們坐九廣火車，經過沙田時候，所見望夫石一樣，（望夫石是一段哀艷故事，另文講述），本來石的形狀，無奇不有。蘇東坡先生後赤壁賦，亦有「踞虎豹，登虬龍」，木石不過像形，不算得怪，不過，呢枝石筍，生得兀兀突突，好事之徒，便叫做姻緣石，食神飯之人，居然得了個好題目，自然神乎其說，於是姻緣石遠近馳名，在我所知已有六七十年，先輩還說不上此數，有人問，從海上小輪東望，見着石筍倒插，但我要探探這位姻緣之神，有可能嗎？有有！姻緣石在寶雲道，過灣仔坳（又名灣仔凹），跟住東便再行，路程行去不遠，見有一條狹窄的小路，便由小路上山，這塊地方便是久聞素仰，聞名不如見面，姻緣石。我要特別聲明，路口極窄，轉眼便忽畧行過，所以去過姻緣石的人，自然摸盲雞都摸到去，不過，初到貴境的嘉賓，隨時會忽畧去，大有盡日尋春不見春之感。去採石的人，十之八九，滿懷心事，求石默佑，姻緣成就，事雖迷信，因爲「埕埕塔塔」，講來話長，不如一五一十，對着石神膜拜祝禱，做生意，第一要東成西就，姻緣呢？男情女意，嘉偶百年，石之旁，有小小的寮蓬，有人販賣香燭，還有自號靈驗簽筒，姻緣有準，一般曠夫怨女，樂於幇趁，如果在春秋佳日，主顧客來，應接不暇；打風落雨呢？十三行之外，總之冇行，有人懷疑，姻緣石在那偏僻，又難於尋覓，若不靈驗，未必有如許多男女誠心叩拜，莫道木石無知，古人話：「情之所鍾，金石爲開」，又話：「三生石上，註有前緣」，可見石之與情，發生極大關係，好車者還傳出許多許多出爐新聞，不過現在已隔夜了。他說；「中環有個濶佬（香港古老語，從前稱有錢佬是濶佬，絕未有名流與資本家的名稱），當時在水坑口第一名大寨錦繡堂，與一個多情妓女，似得新派小說家講：「兩人打得火一般熱」，不料濶佬脾氣好似天氣一般變幻，華氏表正上升到一百二十度，一跌到零度以下，可憐這位佳人，望斷章台楊柳，伊人不來，所謂爲憔悴郎，懨懨一息，忽一晚濶佬直返香巢，重拾舊歡，這位佳人，自然喜出望外，其病若失，據濶佬說，今日忽然心血來潮，非馬上去會佳人不可，三日後居然十斛明珠，脫孟家蟬於平原十里，原來多情妓女大媽媽枝人，日日禱求姻緣石，才使濶佬回復情感，又有一雙痴情男女，男窮女富，女家認爲門戶不對，拒絕求婚，當時不知是否人命太賤，還是以自殺過于愚蠢，祗有一雙男女，因恨成痴，因痴成病，病到了不起的，女父忽然改轉宗旨，無條件准許男女結婚，聞說貼埋大床，都不消說，還要貼埋成個大夾萬銀紙添，幾多呢？他們正知。如此這般，都話因拜姻緣石，得求庇佑所致，是否屬實，請教科學家評判，不過，由地方上人，輾轉流傳，像煞有介事。記得本人游杭州西湖，參觀過天竺個間月老殿，殿前一對聯語：「願天下有情人，都成了眷屬；是前生注定事，莫錯過姻緣。」月老殿不止名滿杭州西湖，可以講名滿世界，艷史留傳，永不磨滅，現在香港的姻緣石，與杭州月老殿，雖然有大小之分，但願天下有情人都成了眷屬，風流韻事，兒女纏綿，千秋傳爲美談則一，無分大小了。

十九、蟾蜍石與將軍石

閱者諸君：本篇掌故錄，是說香港石頭的故事，未講今日的香港，先講下古老的杞國，故事出在列子，他說：「杞國有個讀書人，日讀夜讀，勤力極了，佢張書枱，對正窗口，窗口望正個天空，大抵當時空氣與陽光，都幾充足，有一日個讀書人，埋頭伏案，寫文章，寫寫下忽然停擺，不知是否寫𠆧出，還是別有心事，凡思想家，多是抬起頭來，抓耳抓腮，自然會文思大發，筆下萬言，不過這位先生注視天空，艮久復艮久，面青口唇白，心胆俱顫，牙關打震，一種恐慌情形，難以形容，他究竟為什麼？原來他注視天空，認為實在危險，因為天這麼大，那般高，周圍都沒有支柱，他想，就算傘子，所提一把油紙，中間還要一枝竹柄頂着，風雨大過頭，都會返轉面，何況天這樣大，萬一塌下來，那處避呢？枱下底嗎？太過窄，怎藏下一個人去，床下底嗎？這般低，又塞滿東西，更不能鑽個頭入去，灶窟呢？人不同貓，想爬都不能的，這個傻瓜，憂到廢寢忘餐，親戚朋友，都來慰問，醫生同佢睇脈，六脈調和，找不出病源，切實問他，他才說出係憂個天跌落來，惶惶然若大難將至，有人說他正一傻瓜、天怎會跌下來，如果當眞跌下來，當作被冚，萬事俱休，傻瓜反說着天跌下來，那處找大張棉被來蓋着一身呢？唉！慘矣！列子一段故事，流傳千古，所以琼林幼學詩，有「心多過慮，何異杞人憂天。」不過，列子講杞國係一個傻瓜憂天，但五六十年前，香港許多人不憂天跌，而憂陸沉，陸沉幸在先頭有個信號，務令諸君準備一個時候，盡量飲，大量食，搏命快活一輪，然後大家安安樂樂，坐着個架長的十一英哩，濶的二英哩至五英哩公共的升降機，一降降至水晶宮，同南海龍王老敖，飲杯鷄尾水，哈哈！現在我要說下陸沉的報信傢伙，蟾蜍石，俗話蠄蟝石，有的老友話，蠄蟝石我地人所共知，但不是人所共見，石在扯旗山那一塊地方，東南西北，山頂還是山脚，可以講出嗎？得！得！得！不過講明一句先，我不是一個實地試驗探古家，但根據一位世居羅便臣道老友，對我說：老友話，蠄蟝石的路徑，如果由衛城道直上，個條山路，遠遠望見一團大石，光滑面圓，似得一隻極大蟾蜍背脊一樣，老友自老友、決不「車大炮」，個塊蠄蟝石，說來很怪，能行能走，究竟怎樣行？又怎樣走？把汽車，與火車，比得上佢行得快，走得快嗎？如果把汽車與火車比起嚟快，今日重能夠向諸君講掌故麽？蠄蟝石，雖然會行會走，但行得好慢好慢，慢成點？慢到一年咁長。祇係行一粒米位，如果行到扯旗山頂，嘻嘻，總之弊到崩大圍，重好講麽？先伯父當時有首打油詩，做得好不好，我是後輩，不敢批評，不過都幾幽默，佢話：「蟾蜍不愛廣寒宮，却喜扯旗山喝風，若是一年行粒米，你話難爲雙脚變彎弓。」本來石形無奇不有，你話佢似個壽頭，便是壽頭，你話佢似亞福，佢便是亞福，現在此等幼稚的流言，實在冇一個人信，細佬仔聽見，重會話你冇常識，但幾十年前的人，生性誠實，以爲人人咁講，便成事實，加以迷信神權，每遇一事一物，在出乎常理，無可解釋，就把神話附會其中，但蟾蜍石，雖事屬怪誕無稽，香港掌故，都要保留一小頁，以資談柄。現在另談一段，亦係石的像形，眞是維肖維妙，叫做將軍石，石名將軍，何等威武，令人一聞威名，大有肅然起敬，石的地點，因離港方，遠在新界，所以許多人不免陌生，但旅行慣的人，不止耳熟能詳。更能把將軍的英雄氣慨，刻劃入微，我先把將軍的神氣介紹出來，將軍是一塊大石，高約三丈餘，比之古人所喻，丈八金剛，摸不着頭腦，高度幾加上一倍，如果行近將軍身旁，平均五尺的人體。不及將軍的膝頭，將軍頂盔貫甲，頭大如斗，腰大十圍，足部更長，由臀下至足踝部份，（俗話脚囊），從斜坡隔開，絕不相連，不論怎樣肥大人物，都可以由空隙通過，大石像得如許神妙，所以每當假日，不少男女，前往參觀將軍的眞容，現在談談的去處，每天派有輪船行走大嶼山，船行先到大澳，當輪船快將靠左轉入大澳口的時候，火船靠緊有個山咀，山咀地方叫虎山，到虎山山咀，倒行約一百碼遠近，有一大塊石，靠在山脚近的斜坡，以上地點，好容易找着。將軍石的威名，因形像極似，所以成爲一段勝迹，根據虎山土人話，個塊大石，不知始于何時，土人的意思，一定未有人居，先有將軍石，土人又話，但凡地方發現有些少奇迹，跟住必有一段神話，輾轉相傳，像煞有介事，此是無他，藉着機會，拜乜拜物，大刮其粗龍，卽如本處的將軍石，如果製造多少神話，相信香火之盛，比之著名廟宇，都不相讓，不過我地老實人，決不肯做導人迷信的事情，所以旅行之人，不時來參觀將軍石，嘆爲得未曾有，許久以前，有位堪輿先生，無意來看塊石，仔細觀摩，不忍釋手，在極端贊羨之下，重話：山川靈氣所鍾，才有發現將軍石，如果不是，那有肖妙得咁交關，呢位堪輿先生，崇拜英雄心理，不能自制，居然對住塊石，行起三跪九叩禮。如果在古代，由地方官奏報朝廷，敕封爲山川之神，享受萬民永遠香火，堪輿先生引述古代封神一大堆話，可惜我地都是目不識丁，唔知講乜，總之，將軍係石生成，留與後人鑒賞，很有價值。

二十、石裏藏人

閱者諸君，本掌故錄，又是講石，比之上段更是怪誕，題目係石裏藏人，石頭是實的，能夠藏人，你信不信呢？不過，事實俱在，不由你不信。事在民國第二年，一個夏天之夜，本人當時主理一間報館，叫做民國新報，報館本名維新日報，論資格比循環執，還久遠的，但民國成立後，便取名民國新報，恰可改報在第二年頭，所以計來有四十七年，當晚我正在報館埋首工作，接着一個電話，由七姊妹一間長期閱報定戶，話現在七姊妹發現一件怪誕新聞「石裏藏人」，哄動全個地方，請即派人來查訪此段新聞，其時報館未有似得今日多多外勤記者，祇有派出督印人梁君，實地調查，梁君費了一個很長很長的時間，然後眞相大白，事情是如此這般，轟動了整個香港九龍新界，趁熱鬧的人，盈千累萬，現在把本段神怪事情，作爲小說講出，深信老於香港的先生太太，都會記得此事，從前七姊妹，頑石山岡，雜以亂草，成爲一處荒僻所在。其時有兩名割山草婦人，正當落山時候。聞得有叫救命之聲。婦人放下山草，四圍張望，都是亂石縱橫，大小不等，那有人影？究竟聲從何出，不免驚慌起來，以爲白日見鬼，馬上就想鬆頂，後來又多了幾個割草婦女，但其中之一個，話白日見鬼，我們在白日頭在未有見鬼，不過聞聲，明明是人叫救命，或者有人跌落山坑，爬不起上來，大家看看，兩婦人四邊找過，依然不見人影，但跟聲來到一個大石鼓，石大似得一張大圓枱面。突起山上，實在不知有幾多噸重，救命叫聲。證明在石下發出來，石是四圍周密，人又怎能被石壓下，以致叫救命，兩婦人自然想不出理由，正想担起山草，作好少理，但後來的割草婦人，認爲人命要緊，不能置身事外，分頭去找警察報告，警察來時，石裏的呼救聲，漸漸低沉，最後連低沉的聲音，都沒有了，警察一方報告警署（當時叫差館）。一方報告消防局（當時叫水車館）大批警察到塲，消防人員亦到，好事之徒，聞風而來，人山人海，一時寂寞荒涼的地帶，煞那之間，變了千萬人的鬧市，消防隊對着大石鼓，想極想不出辦法，警察亦是一籌莫展，那時，夜幕低垂，滿天如墨，七姊妹街道，點樣光法，大衆可在想象間，這一晚夜，不同了，一到入黑，幾十枝大光燈，噓噓聲，照到這個七姊妹岡頭，如果陰天，日間都不及這樣光猛，當堂變了一個極熱鬧的墟塲，粥粉麵飯，雪糕汽水，烟仔涼菓，應有盡有，甚至，睇氣色，贈兩句，賣靈藥，雷公劈，包醫好，但係明明知到石裹藏人，如何救佢出來，祇有鑿石，撬石，鑿石，可惜鑿崩左，撬，彎左，鑿，斷左，計由下午六點開工，至晚上十二點，絲毫與石未有半點移動，在人叢中跑出了一位有辦法之人，個位先生，十二分有把握，龍行虎步，站在中間，舉手一揚，首先一句「爲弟細佬」，個陣人人注目此人舉動，有的人沉吟起來，哼！呢單野，眞係唔化，現在許多人求救命，唔係來睇賣藥開檔，誰知個位先生，似有先見之明，話，列位！諸君！爲弟細佬，開來騷擾幾句，千祈咪誤會賣藥，現在想出救命辦法，保證五分鐘內，當面見功，快過食猪血，靈驗過打針……話口未完，鼓掌之聲，震動到太平山頂，當時羣衆一致歡呼，請爲弟細佬快快宣佈救命辦法，個個爲弟細佬，淡定滋油，雙手高舉。話：用爆石法，轟一聲，幾大石都會爆開，個人馬上出來，說話還未講完，羣衆嘩然，走出一個大聲公，大叫一聲，眞是山鳴谷應，大聲公話。爆你個頭，如果一爆，眞係血肉與頑石齊飛，救人共害人一式，正一係烏龍王，當堂個個爲弟細佬先生，攬住自己個頭，捐入人堆中，不知去向，有好火氣的人，重話要「砌」佢一頓，因爲急於救命時間，個衰公還向人開頑笑，於是又有幾個大力佬提議：用一架起重機，把鐵纜勒實大石周圍，然後把起重機一起，個人自然得救，人人贊成，電話一叫，一架頂大的起重機來了，聲勢浩大，急如星火，鐵索鐵纜，一齊下來，七手八脚，對正大石鼓埋手，你要如此，他又要這般，如此這般，正一狗咬龜，沒處入手，費了半天工夫，人人滿頭大汗，鐵索鐵纜，紮實大石了，發動起重機，以爲一起任你幾大，都抽起來。誰知大石不同貨物，大石深藏地下，不知幾丈幾尺，起重機任是如何重力，都不能起來，大石依然安穩，怪不得古人話過「磐石之安」，呢宗計劃，依然失敗，擾擾攘攘，又過一夜，天明矣，警察消防隊人員，責任所在，當然留守不去，就算一般好事之徒，亦是不去，販賣粥粉麵飯，汽水西餅。煙仔生菓，呢宗生意經，繼續努力，伙記番去上中環趕主，自然不在話下，出版的日報。港聞第一段方字大標題，七姊妹石裏藏人，此段神怪而事實的出爐新聞，一仙一張，當時報紙的代價，大都如此，隨街搶購。　販頻頻向報館買了便賣。賣清又買。好在報紙老板，先有眼光，睇白個朝報紙，必定暢銷，每間報館，多印數千張，不止中文報詳載怪事，即便西報，也是一樣，哄動地方情形，比昨晚出事，更爲重大，不過七姊妹大石鼓營救的消防隊，日以繼夜，努力不息，可惜未有效果，一般人都在絕望中，以費時太久，石中人凶多吉少了，好在還有救星，及時趕到，甚麽救星？原來有三個外國水兵，隨同兵艦來港，昨日已經到港。在海面抛碇，早餐後，個的阿尊阿積，登陸遊玩地方，無意中買張西報睇下，見着個段怪新聞，好生不信，但好奇心指使，幾條友，踱到出事地方，睇見情形，便跑到石頭周圍察驗，許久許久，對負責人講，呢塊大石，須要鑑別石紋，然後從石紋鑽裂，便能一塊一塊拆出來，我們艦上，配有此一類最新型的器械，還要請齊此一種工程人員，可能碎石，不會損傷石裏肢體，不過我們要聲明，石中人被困太久，萬一在內窒息太過長時間，即使救了出來，已經絕了氣，也未可料，負責人自然贊成他們所講，促水兵馬上回艦，携同新型碎石器械來，誰知一去，等到下午兩點幾鐘都不見水兵回來，一般人抱了失望心情，有不耐性之人，他說：個的亞尊亞積，拜神没句眞話，重話攞乜攞物，一去永無踪；聽佢地「車生晒」，都要另行打算罷，各人正想辦法，忽見成班水兵，車着一副器械來到，個架器械，似得一架摩托車，但許多大小齒輪中藏着一管粗大軸心，水兵便把那副機械，放出大石鼓上，開動機掣，似得電船開行聲响，卜卜有聲，見着中間軸心伸出尖鋭鋼管，鑽入大石，發出極大聲浪，果然石現裂痕，消防隊員用起鐵鑿，一塊一塊移去，雖然有精良器械，都要費去四點幾鐘，正把個塊四百幾噸重，遠年大石鼓拆去，倒也奇怪，原來石鼓下便，有個小空洞，似得幾尺長而窄的溝渠，赫然有個年約三十歲男子，彎着腰，縮埋雙脚，似得蝦米樣子，下半橛身，已被水浸，穿着响雲紗對襟衫。黑綢袂。此人面色慘白，雙眼緊閉，死尸一般，那時觀衆一擁而進，似得睇生龍一樣，都話瓜得瓜得，哈哈！瓜就瓜咯，究竟點能究走入去瓜呢？眞係莫名其妙，當時警察趕開觀衆，十字車醫生護士，老早已到齊等候救人，輪班守值，這個時候，恰巧是個老醫生，富於經驗，命護士扶起個人，馬上檢驗，尚有一線生機，先行注射針藥，種種急救，保持尚未絕望溫度，即刻共同護送醫院，經過多種施救，僥倖過左四十八小時危險關頭，其人漸漸回復知覺，第三日早，忽然開眼一望，失驚話，『噎吔，怎麼我來到這處？』醫生護士，一班人圍住床前，先把佢在石底下救出來情形，講過一遍，然後問他怎樣會捐入去石下，個人眼定定，想過一會，很不願講個種神氣，醫生安慰他話，世界許多想不到事情。計個塊大石頭，慢講一個人捐不入，就算一隻老鼠，都不輕易捐進，因為不是坭土，而是麻石，而你居然入到最低個層，必定離奇怪誕，自己都不知嘅，但不十分爽快答話，不錯，不錯，確是醫生即是醫生，他話我姓乜名乜（本來有姓名的，姑諱之以存忠厚）。有兩個阿哥，在鄉耕田，人人叫佢老三，個個老三，單身在香港，自不然孤家寡人，老三在七姊妹一間糖房做工，個日下午開工，感覺精神恍惚，十分不舒服，所以三點鐘左右，便向管工告假。以為在海邊吸下生風，抵發精神，不料前頭一對雙妹嘜，大鬆辮，上海裝，不知何故，她們一步一回頭，我就一步一尺七，她們一步一回笑，我就一步一回跳，你估我嗡乜？我問兩位姑娘去邊處，佢又問去邊處，我話去個處，佢地又話去個處，行行來到一所大花園，兩個一笑而入，我個時真係乜膽包天，居然老實不客氣，隨尾直入，兩個居然請我登堂入室，纖纖素手，獻上拔蘭地一杯，我驟聞人說，美人醇酒，英雄本色，我老三估唔到做起英雄來，呢兩位美人，居然千般獻媚，萬種溫情，個圓面的同瓜子面嘅咁話，好似係咁話，肥環瘦燕。倚翠偎紅，左南威而右西子，南面王不易也，乜也吓，咦咦！乜對脚咁凍㗎，一陣半身都凍起來，雙手一摸，死咯，原來半身浸在水中，頭同胸有石梗住，動彈不得，驚到失魂，叫着幾聲救命，其後完全不知，若非醫生各位救我，人是寃沉海底，我就寃沉石底了，老三說完，大哭一場，醫生照着報告當局存案，究竟老三是否當時確有所遇抑或神乎其說。我們可以不管，不過呢石塊幾百噸重大石，若非外國水手，動用新型機鑽，任你出盡乜野八寶，都打不開，老三當時又點能捐入石底呢？所以當時費盡幾多偵探家腦汁，用盡科學家幾多心血。這宗奇事，都研究不出來，不怪得天下事，無奇不有，不由你不信。

廿一、望夫石

今次標題，也說是石，不過與上文的怪誕

離奇的石，大大不同；現在所講係轟轟烈烈的石，足以挽頹風而勵落俗，饒有歷史價值，千秋著爲美談，就是本文所述望夫石，但許多人都知道望夫石。許多地方都有，例如在我國安徽省當塗縣西北有望夫石，湖北省武昌縣北山上，有望夫石，江蘇常熟縣西北，有望夫石，還有江西省德安縣境，有望夫山，最是令人憑弔，在遼寧綏中縣境，相傳是秦朝貞女孟姜望夫之處，至今上有孟姜廟，這座望夫山可歌可泣，更令古今中外人士所崇拜，所以望夫山與望夫石，相傳益彰，本文所述的望夫石，當然不是以上個的，便是共聞共見，九廣火車天天經過將到沙田站，就見着一座高山，高出海面八百三十六英尺，屹然獨立山上，有六七個人高，即是三丈幾高，數十圍的大石頭，從遠路看去，一面十足似婦人抱着兒子懷中，另一面更似負住一個小孩在背脊，我所述從火車望去，但許多旅行家，要登望夫山。親臨望夫石，行一個摯敬禮，係一件好容易的事情，登山路徑，先由紅梅谷的路上上山，到截水溝路上，有一度小橋。過溝，從右手便走，又過一度小溪，便是登山正路，舉頭便見了，本來這座山，是九龍著名獅子山的斜角度的一部，不過山上有左望夫石，就把個座山叫做望夫山，名山有幸，發現奇石，更得嘉名，眞是地方生色不少，講到望夫石的來歷，每處地方，凡屬有類此的，多是同樣事實，所以古人劉克莊塡過一首詞，來紀述望夫石，他說：「望夫處，江悠悠，化爲石，不同頭，山頭日日風和雨，行人歸來石應語。」這首淒艷的小詞。更令石夫人在千秋萬世之下，無限生色，現在本人講：沙田的望夫石，這一段哀感頑艷的事迹，據說許久許久以前，在無從估計之中，沙田未成鄉村，望夫石已矗立山上，時與惡風暴雨，烈日嚴霜。石夫人憑着不屈不撓的大無畏精神，與兇暴搏鬥，即使雷霆以其萬鈞的壓力，都不能犯石夫人珍貴寶軀毫末，石夫人凜然不可侵犯浩然之氣，感人之深，與可比擬，夫人是附近土人女，她的爸爸是一個貧農，母因產後失調，未滿月便離開親夫愛女歸世，貧農一明兩餐，時時都沒有辦法，一旦死了老婆，你話怎攪，所相與的親戚朋友，一樣貧窮，自然道理，所以對於貧農死老婆的事，除左代他嘆息之外，沒有辦法，所謂愛莫能助，貧農在淒涼痛苦中，祗有死者入土爲安辦法，在無可奈何，裹以破蓆，把着鋤頭，連工包料，一手做埋，可惜除了實無辦法，這個女兒，未滿一月，還要哺乳，怎可以養大呢？好在天無絕人之路，其中鄰里，有位產婦哺乳兒子，見貧農太過可憐，自願替他哺乳，貧農當然感激如天，這個哺乳婦人，也是初生一個孩子，幸而身子健旺，所以即使一雙乳汁，都可夠養一個新生兒，一個人家女，一年以後，女已斷奶，貧農自己養育女兒，至六七歲之時，個女深知人性，更知孝道，對父親非常愛護，對鄰婦人哺乳之恩，時刻不忘，婦人的孩子亦有六七歲，所謂青梅竹馬，兩小無猜，鄰里的人，對於一對小寶寶，引爲開心果，便說，那娘子自小養活她，能夠做埋媳婦，豈不是兩家親，貧農亦有同意，當時叫做小媳婦，東江的客籍人，風俗習慣，當時極之推重，即所謂童養媳，小孩子雖不懂夫婦之愛，但自小相處，長來更加情趣，不料變方十歲時，貧農一命嗚呼，婦人便把未來媳婦接在家中，作自己親人看待，雙方年長，舉行婚禮，親戚同鄉，飲過一杯喜酒，人人都贊新娘伶俐，將來旺夫益子，果然結婚三年，生左一男一女，個時新娘子芳齡，才十九歲，孝順家姑，和睦鄉黨，又能內助夫君，撫育兒女，無人不贊好娘子，十分賢德，當時海禁漸開，內地人亦有遠涉重洋，向外發展，有同族兄弟自遠方歸來，有所收獲，成小康家，夫君少年氣盛，不免見獵心喜，央求兄弟帶往外洋發展，老毋意允，娘子深明大義，加以勸勉，男人志在四方，切不可兒女情長，英雄氣短，夫婿深喜賢妻勗勉，內顧無憂，於是卜吉成行，隨着兄弟向外謀生，不久便有書報平安，更不久有熟人歸來，託帶家用，老姑因之歡喜，娘子自然心花怒放，不料一年以後，音訊全無，託人查訪下落，有人說已往別埠；亦有人說他已結束工作，同家團叙，更有說他失踪，生死未卜，惡耗傳來，老母痛心。妻兒號哭，可憐老姑，因憶兒子，又是一命嗚呼，這位娘子，那時慘上加慘，自己想想，斷絕生人樂趣，不過，一雙兒女，年紀過小，譬如自己有甚不測，一對小生命，又靠誰活？而且，丈夫在外，沒有人證實他死亡，一日同鄉不見了自己，又怎對得他住？想到這裏，決意同環境奮鬥，捱過淒涼歲月，養育兒女，等候丈夫同來，不料事與願違，丈夫消息，似得坭牛入海，無聊極思，日日抱着孩子，負着孩子，走上山頭，目斷汪洋每見船隻入口，必定跑落山下，看看是否外處客船，誰知日望一日，月望一月，年望一年，兒子漸漸長大起來，依然抱着負着，呆立山頭瞭望，甚至風吹雨打，都不避開，一片貞心，百折不撓，一日，依舊抱負兒女，登山遠眺汪洋，忽然雷電交作，狂風暴雨，飛砂走石，似得天崩地裂一般，第二日雨過天青，陽光普照，奇蹟出現了，山上遙望夫歸這位貞烈婦人，共同抱負的一雙親愛兒女，已成萬年不朽流芳百世的石像。

二十二、九龍城的宋王台

「一鞭殘照上烟蘿，驢背詩人自嘯歌，黃葉疏林秋色好，海天還屬宋王台。鼎湖龍去石猶存，三字磨崖映鯉門。一曲水仙杯酒酎，白楊風颭國殤魂，離離禾黍故宮秋，羞見降旛出石頭，終古難消亡國恨，怒濤嗚咽向東流，漁樵閑坐話南朝，鴉點長堤柳拂橋，繪出蒼涼天水碧，白頭詞客亦魂銷，」以上四首七絕，便是清代詞人蘇選樓先生自題宋王台秋唱圖，情詞悱惻，讀之令人不盡興亡之感！講到宋王台三字，在香港九龍古跡不少，不過最有價值留得後人憑弔的，便是宋王台，可惜在一九四三年，港九淪陷在日人手上，要擴大啓德飛機塲，便把宋王台鏡有歷史上的古蹟，也不理會，都要劃入機塲範圍，在這年一月九日，動工之前，由所謂日本大法師，法號叫做宇津木氏，領導一班中國和尚尼姑，舉行一個祭台禮，故意隆重其事，當時日本當局聲言，宋王台石，決不毀滅，祇係遷移。不料言猶在耳，龐然巓然的大石，發出幾十次隆然絕大的爆炸聲，便把我國七百幾年的古跡打碎，不過事情是很奇的，人算不如天算，石雖係爆炸，還未把石完全拆去，日本就宣佈向盟國投降，最近九龍城街坊福利會，爲保存古蹟，便把炸餘的石頭，移在譚公道一方陳列，四周圍以鐵欄，以留紀念，雖然宋王台的眞址，已無存在，不過一部眞跡保留，都有價值，從前宋王台的位置，係在九龍城馬頭涌一個名叫聖山上面，山的英文名叫做 Sacred Hill 高度有一百一十四英尺，周圍約二千英尺，三面向陸，東面係九龍灣，從前許多旅行的人，登臨上高，無限低徊，不盡麥秀黍離之感，因石關係，環山築成石基，依據山的形勢，一起一伏，參差不齊，表示山石自然狀況，如果用起人工穿鑿，反爲不美，說起這一塊大石，下面平滑，一半枕在山頂生成大石上面，其餘一半下面空虛，祇有一塊細小石頭突出乘着，在底下望上實在危險，但經過六百七十年，至日本人炸燬爲止，雖經古今來颶風暴雨迅雷，依然屹立不變，不惟古蹟，更爲奇蹟了，還不止此，這塊頂住大石的小石，與山頂生成的大石，成爲對裂形狀，穿在石下，繞到後面，石面平坦，可以容納五六十人，在右方一邊石壁上刻着「宋王臺」三字，約有中尺三尺有多，但臺字減筆，很像一個堂字，所以又有人叫宋王堂，在旁邊刻有「嘉慶丁卯年重修」七字，查清朝嘉慶，即仁宗，係乾隆（即高宗）的兒子，在一七九六年受禪位，即乾隆因年老授位嘉慶，登位這一年，世界最大事，就係法國拿破崙第一次起兵進攻義大利這一塲戰爭，查嘉慶在位二十五年，計宋王臺係嘉慶丁卯年重修，丁卯年即嘉慶十二年，又是公元一八〇七年，祗計重修已有一百五十年，可見臺的價值，臺的歷史深信人人知到，或者有幼小的朋友，讀書未到南宋時代，尚有不大知到，不妨講講，據南宋史，端宗皇帝，景炎二年，帝的座駕御舟在泉州港，招撫使蒲壽庚作亂，端宗以事起肘腋，漏夜走潮州，景炎二年正月，端宗在惠州甲子門，七月遷潮洲淺灣，同年十一月，叛臣劉深率領水兵襲淺灣，端宗走秀山，秀山就是東莞虎門，十二月，端宗走井澳，劉深進兵井澳，端宗走謝女峽，景炎三年，夏四月端宗崩于碙州，南史翁載端宗死于碙州，個碙字係石字邊一個山岡的岡，碙州又名洶洲，在廣洲灣口外海中，幷不是廣東省新會縣別名「古岡州」，這個碙州，端宗死之後，帝昺即位，帝昺是端宗第三弟，當時不過一個小孩子，帝昺乃度宗庶子，即係庶夫人所生，初封廣王，後改衞王，帝昺在碙州繼承端宗帝位，忠臣張世傑見碙州不能守，帝昺由諸臣將士擁護到新會崖山，第二年春天時候，宋朝降將張弘範引元兵，駕駛艨艟大船，浩浩蕩蕩，由崖海進逼崖山，守兵大敗，楊太后殉國，忠臣陸秀夫，負着帝昺，沈海而死。宋最後滅亡，世人所講崖門失璽的一段傷心史，亦即後人題詠「海水有門分上下，江山無界限華夷」的凄涼句了，計帝昺在位僅僅兩年，年號祥興，宋帝于景炎二年，由泉州而潮州，惠州，東莞，後由東莞而碙州厓山，兩年之間，兄弟二人，過着流亡生活，東西播遷，嘗盡人生艱苦，移蹕九龍，就是這個時候，後人就在駐蹕地方，建築這個臺以留紀念，便是宋皇臺了，另有一段神話，係出在赤灣土人流傳，實不足信，不過作爲一種市井流言，祗管述及，宋帝昺在新會崖門投海淹死，過幾日後，赤灣海面，發現有黑物一團，在水面飄流而來，鄉人見得詫異，就近睇眞，原來有烏鴉一羣，遮掩住一個小孩子屍體，烏鴉一見人來，振翼高飛，鄉人認是宋帝昺淹死的屍體，由崖門海面，飄流至赤灣水面，烏鴉爲孝鳥，孝必能忠，所以古今中外的忠臣，必出在孝子之門，神靈的烏鴉，不忍見宋朝亡國之慘，即使趙家一塊肉，幼小的年紀，都不准偷生人世，投水身亡，可憐亡國的小君皇，慘遭如此結果，神靈忠孝的烏鴉，不能保護小君主生前，都要盡一點誠意保護於死後，不致再遭海上魚鱉果腹，鄉人當時忠義之氣奮發，飲泣流涕，共同把屍抱起，靜靜地把帝屍掘地埋葬，在赤灣天后廟後方的雜草叢生地面，深夜叩拜天后，暗祝靈神護佑，不使元人及一般降賊知到，因為私埋帝屍，全鄉之人，九族當誅，果然埋葬帝屍之後，無人知覺，不過，帝之坟墓，隨地掩埋，絕無碑志，所以千秋以後，掩沒不存，憑弔其地，祇有唏噓流涕長太息了。

二十三、宋王台下二王村與梳妝石

宋王台下的二王村，現在九龍城馬頭涌地方，如果請問下老成的土人，他們都可能告訴你，源源本本如數家珍，莫道鄉老無知，他們都抱着國家興亡之感，宋王台以下一段，有一條小小村落，初時未有什麼村名，有人說端宗皇帝昰，同宋帝昺，都在這條村住過一個時期，後來土人便把村名叫做二王村，宋帝昰和宋帝昺，兩位走難皇帝，捱盡鹹苦，上文講過走過許多地方，究竟是否曾經住過這裏小村落，在史籍裏無從稽考，不過，根據宋皇的確在宋皇台避難過，二王村離宋王台不遠，土人有的事實相傳，不盡無稽，但以常理忖惻，二王當時的顛沛流離，捱過非人生活，為避元兵搜索，如果有村鄉肯收藏，眞是視同天堂一樣，還論什麼大村小村，況且土人頭腦簡單，性情忠實，二王未到過本村，又何必揑做是非，生安白造？所以許多人都信二王村，當時二王或許住過一個時期。

二王村位在九龍馬頭涌，這時自然有許多村落，我知道有馬頭圍，現在叫馬頭圍道，馬頭角，即如宋王台山脚，都有一個三家村，所以二王村，不過其中之一，後來當局開拓九龍城區域，此種村落，統統都遷移去，二王村呢？當然不在例外，一齊遷去，所以現在諸君想憑弔下二王村，不會變作荒煙夢華，簡直是一個現代化的城市，連二王村的原址，眞是踏破鐵鞋無覓處了，即使你是一個有心人，問及二王村故事，除是一位老土著，還是留心掌故，他們都可能指着二王村舊址，共話滄桑，否則，便會一頭霧水，不知宗之感，二王村的事故，大概如此，清代吳道鎔先生二王村詩：「寒林擁日到虞淵，戎馬艱難瘴海邊，七百年來陵谷變，二王村裏鳥啼煙。」「東陵閑詠步兵篇，艷說青門五色鮮，爲問二王村畔路，可尋十畝種瓜田。」可見二王村的事實確切，還有一塊四方的石，叫做梳妝石。有人叫做國母石，又叫做太后石，國母，與太后，都是指楊太后，因爲兩王隨同太后，逃避元兵追逐，由北逃南，所以崖門的崖山地方，有國母殿，每年春秋二祭，由新會三江與皐頭鄉趙族，同中山斗門趙族，父老兄弟會同前去崖山國母殿恭祭，本人從前在江門兩次因公道經崖門，專誠拜謁大殿，由甬道直上殿門，先見到有五尺大字橫扁額，題着「有宋存焉」四個大字，正殿供奉宋端宗與宋帝昺龍牌，左右偏殿，供奉皇后宮妃，與皇親及大臣夫人等，統統係崖門殉忠盡節的人物，最令人肅然起敬有白石丹碌，高凡三丈正氣歌一首，矗然在三忠祠的照壁上，三忠係文天祥相國，與陸秀夫，張世傑兩將軍，還有烈士祠，供奉反抗元朝異族政府入主中國以致犧牲生命，如東莞之熊飛將軍等，再進便是國母殿，中奉楊太后龍牌，最後係國母梳妝樓，龍床錦帳，梳妝台伴，如盥洗盆，漱口盅，脂粉等等，應有盡有，供奉如生人，本來以上一段，係新會崖山掌故，但本文有梳妝石，與梳妝樓，有連帶關係，而且國母在先駐蹕于九龍城，最後在新會崖門殉國，在歷史上翻起轟轟烈烈忠烈之一頁，得窺全貌，深信閱者諸君，亦以爲然，現在我要同復本文梳妝石，據傳說呢塊梳妝石，太后同一班妃嬪，走難來到九龍城寨時，把石來做梳妝鏡之用，經過一個時期，元兵大隊又追到，不過，元兵到時，太后與衆妃，隨着宋皇的軍隊，老早去了，元兵搜索不獲，當元兵搜索之時，九龍城寨的老百姓，果是遭殃，男子被慘殺，婦女奸殺，當然不在話下，最難得忠心耿耿的老百姓，寧死不肯供出宋帝與太后等來過九龍，衆口一詞，都話沒有到過，元兵信以爲眞，可惜蒼天有意滅亡宋朝，不知如何，竟然有一個下級漢族軍官，爲博取功名，居然找得那塊梳妝石，這石特別古怪，原來楊太后的相貌，影在石上，個漢族軍官以爲莫大功勞，馬上把塊梳妝石，獻上統帥，一說該主帥就是宋朝降元叛將張弘範，這塊梳妝石，證據分明，認爲了不得的事，不論男女老幼，定要拉着招供，宋軍裏便的皇帝太后重臣等等，現在走去那處，可憐無辜的百姓，爲二王犧牲盡忠，不計其數，不過，宋軍和皇帝太后文武百官，都去遠了，卒之大量兵船，追到崖門，做成宋亡空前慘劇，叛將張弘範，能夠帶領元軍殲滅宋室，以爲莫大之功，居然在崖門勒石，自己勒石紀功績，「至元，己卯，張弘範滅宋於此」，至元係元世祖忽必烈年號，己卯年係元世祖入主中國第三年，老張果然功居第一，因爲三忠臣，都喪于張手，生擒文天祥在五坡嶺，大破張世傑，陸秀夫於崖山，宋朝亡國，都算他是一個包辦筵席專家，老張實在係滅宋於此，不料百年後，元亡，再經一個時期，居然有人在呢塊紀功石上加多一個宋字在頭頂，讀出來是：「宋，張弘範滅宋於此」，即係宋朝個張弘範滅亡宋朝在呢處地方，一字之貶，嚴於斧鉞，文人之筆，鋒利極了，有人說和老張加多一個宋字，就是明朝大儒陳白沙先生，講到九龍城寨，這塊梳粧石，在二次大戰以前還是保留，許多人看過，都沒有太后的影子，或者當時以石來做鏡是眞，宮中人不免沾染一些，脂粉在石上，所以元兵便證明，皇帝一班人曾經到過，是理由之一。

二十四、侯王廟楊亮節將軍

二次大戰之前，凡屬有意憑弔宋王台的人，必定訪問侯王廟，參觀兩塊名石，一是鵝字石，一是鶴字石，可惜香港九龍不幸一度落在倭奴手上，雖然短短一個時間，不過三年零八個月，時間雖少，破壞實多，即如九龍城宋王台，具有七百年歷史，藉口擴築飛機場，居然把具有歷史勝蹟磐然大石，炸毀去了，上文已講過。侯王廟呢？雖然未有破壞，但古蹟的兩塊石，現在一存一不存，即可保存，也是深藏一半，見者未得全豹，因爲侯王廟與宋王台，發生極大關係，本人不能不敘述一下，侯王廟在九龍城寨西北方，白鶴山西南脚，從前到廟的路徑，要從九龍城寨西邊，有一條叫做廟道，上去，現在利便極了，在巴士站落車，跟住嘉林邊道直行，約七分鐘，便到廟的石級，如果坐汽車，眞係斬下眼就到。講到侯王廟，面積不是很大，不過三幢，高不過二丈。寬祇係三丈，深更得一丈五尺，正殿是奉祀侯王，參觀者一目了然，廟雖不大，神實在令人景仰，所以香火之盛，在港九廟宇中，列入第一等，侯王何以會令人崇拜？其中固有可歌可泣的事，宋亡，多忠烈之士，爲國犧牲，侯王，其中之一，侯王楊姓，亮節是侯王的大名，南宋之末，凡忠臣，初封侯，再封王，所以幷稱侯王，其實兩個爵位，現在混爲一起，可笑無知之輩，便以齊天大聖做侯王，侯王廟竟作猴王廟，眞係滑天下之大稽，荒天下之大謬！這位楊亮節侯王，就是國太舅，史稱：楊淑妃生益王昰，前文講過卽係端宗，另一妃俞修容生衛王昺，卽宋帝昺，德佑二年，令淑妃弟亮節，修容弟如珪，協助二王，元兵大舉入臨安，奉二王走婺州，范文虎率軍攻婺州，亮節與如珪，背負二王逃避山中七日，追兵又到，又負二王走温州，至元十二年五月，端王昰卽帝位福州，册封楊淑妃爲太妃，世稱楊太后，當時端王少不更事，亮節居中執政，勞苦功高，正直不苟，元兵攻建寧，城陷，宋王從海路逃走，十二月到惠州甲子門，十三年四月到官富塲，及九龍古官富塲，風聲鶴唳，草木皆兵，元兵勢大，更有叛臣叛將，甘做鷹犬，亮節寢食俱廢，勞心焦思，竟成大病，自知不能再生人世，誠恐在九龍城躭延時日，敵兵一到，皇上與太后，難免不幸，誠惶誠恐中，一夜對太后說：九龍彈丸之地，無從把守，臣病絕無生存希望，元兵早晚攻到，如果再遲不走，難免身作俘虜，主上年幼無知，太后你要當機立斷，這是國家大事，關係趙家血脈安危、去矣，不必以老臣爲念。楊太后聽着，泣不可仰，淒涼欲絕，說：亮節你在國破家亡之中，孤忠一片，保護少主，間關萬里，現在抱病，不能行動，教我們怎能忍心放下你一人去呢？不如等候你休養一個時間，一同出走，或者不至過遲。當時侯王強自撐持起來，拜伏地上，大哭先叫一句太皇妃，然後叫一句姊姊，微臣深受國恩，正想粉身碎骨以報，可惜皇天不佑，一病懨懨，太醫雖有，但藥石俱無，有醫無藥，怎能奏愈，太皇妃，家姊，你保護主上，和文武羣臣去吧。太后此時哭到似得淚人一樣，怎捨得這位忠義大臣，更離不開這同胞弟弟，忽聞前哨軍士報告，元兵將到九龍司，太后如不發令退兵，不堪設想，太后不得已兩姊弟抱頭大哭而別，星夜退出九龍，從海道逃新會崖山，侯王眼見太后與皇上百官士兵，安全退出，滿心歡喜，但在原有營地養病，元兵一到，決不放過，于是雙手扶着牆壁，一步一拐，一踏一抖，許久許久來到一所破爛的牛欄，牛已無有，還有污穢的草料，鋪在地上，侯王此時辛苦已極，倒頭睡下，忽聞有人低聲叫將軍，將軍；侯王驚醒，原有一個年老鄉人，捧着一個坭碗，說將軍太勞苦了，這碗涼茶，敬獻將軍，希望飲過之後，精神奮發，保護皇朝，與敵人奮鬥，恢復失地。侯王聽着，大笑說：好好，難得你們老百姓，忠心愛國，但我病決不是一碗涼茶，可以醫得好的，然而我感你的盛情，一定領受，一定領受，說罷，捧着涼茶，一飲而盡，對鄉人說：請你快快走，元兵一到，見你救護宋朝將官，性命不保，但鄉人屹然不動說，將軍你拚着忠勇，爲國而死，難道我一個無知鄉民，不願追隨將軍於九泉之下。侯王聽着鄉民，不免流起英雄熱淚，不久，又有十齡童子，是牧童樣子，携住幾條山薯，還是熱的，說將軍，將軍，我們在兵荒馬亂中，沒有甚麽得敬奉將軍，幸而掘得幾條山薯，媽媽在火堆中煨熟，使我來敬獻將軍，將軍吃了罷，明朝或者有的比較好的芋子送來。侯王雙手接過，吃着甘美，吃畢，緊緊執着牧童的手，仰天太息，說：小哥兒深明大義，可惜國家已弄到如此田地，唉！眞對不住老百姓了，侯王受着絕大激刺，喉嚨一湧，當堂吐出鮮血，鄉民和牧童左右扶持，可憐一代忠臣，就此與世長辭，嗚呼慘哉，侯王身亡，士人不忍他屍體遭元兵侮辱，靜靜草葬，八十九年後，元朝爲明太祖所滅，然後申報地方官奏上朝廷立廟祭祀，經七百多年歷代重修，至成今日具有規模之廟宇。

二十五、鵝字石鶴字石叮鐺石

前文述侯王建廟的事跡，畧畧涉及廟前的鵝字石與鶴字石，深信閱者諸君許多都見過兩塊石的筆劃，但現在鵝字石在日寇時期，同宋王台一齊炸滅，古跡蕩然，令人感慨，不過，鵝字石雖然已不存在，鵝字筆迹，諸君有時在無意中，都可看見，許多食物館，例如有鵝賣的，燒鵝飯，燒鵝瀨粉，燒鵝乜乜，又燒鵝物物，門口大書特書，一筆寫成一個鵝字，其中未必盡是鈎個鵝字出來，但睇來都幾像樣，現在我要從頭講起這塊鵝字石，在戰前許多參觀侯王廟，必定參觀鵝字石，亦有專心去睇鵝字石，而參觀侯王廟，石與廟，相得益彰，大抵個鵝字，有方橫一丈的大，一筆寫成，字體半行草，實在夠氣勢，字之下寫着張壽仁書，張是九龍城西頭村人，是清朝秀才，本來在侯王廟側，寫着一個鵝字，與楊侯王沒有什麽關係，不過鵝是相傳王羲之愛食的，而且留過一段韻事，所謂道士以一籠鵝求王羲之寫抄一本黃庭經，這位張秀才羨慕王羲之鐵畫銀鈎的字法，寫出個鵝字，也未可定，鵝字石兩旁，刻着一副對聯，聯文係：「古字書鵝摹逸少，名山駕鶴仰侯王」。是東官黎慶堂所寫，鐫石時代是光緒十三年歲次丁亥首夏中浣穀旦。光緒十三年計至今年，不過七十二年，論起對文，刻石亦非久遠，但鵝字石比聯文，已遠年得多，鶴字石在侯王廟左邊背後，石的大小差不多同鵝字一樣，鶴字亦是一筆寫成，同鵝字一樣大，執筆的人，署名鳳山，未有署姓，字的兩旁，亦有對聯寫着：「道古仙巖歸鶴嶺，侯王顯赫鎮龍疆。」署名係桂樹黃潤華書。這個鶴字石毀，戰後依然存在，不致如鵝字石，與宋王台俱毀，其後因侯王廟擴充，在現在的建設，於是把鶴字石遮左一大半，雖然在廟後，但石旁滿生荆棘，如果遊客想認眞鑑賞一下，便要攀登上去，但極不容易，所以現在這塊鶴字石，比之從前吸引遊客注意，已經大大的失色了。有人研究石字的字義，何以什麽字不寫，偏偏要寫這鶴字，自然有一個理由，據新安縣志：現在叫做寶安縣，白鶴山在九龍寨城西北，上邊有個遊仙巖，巖下有三塊小石頭，似得品字樣，石雖小小，石的力很大，怎樣大法呢？講出來你不會相信，但係事實證明，不由你不信，原來這三塊品字形的小石頭，承頂住一塊極大的石，衹說石的高度，實實在在已有七丈多，濶的足足有三丈多，屹然獨立，石頂上面，有棋盤棋子，在二次大戰前，這樣古蹟，人人可見，石的陰面，刻着游仙巖三字，不過，這三個字，當時字跡，都極模糊，據故老相傳，不知若干年前，總之是古老十八代這年代，忽然一日，有一雙朱頂白鶴，羽毛翩翩，大到與普通常見的，截然不同，一時見者，十分詫異，因爲這處地方，未見過有白鶴飛過來的，而且這雙白鶴與別不同，這時人人都注意一雙白鶴動作，這雙白鶴來到石上，非常馴服，似得家禽一樣，有的人見得這趣致，擲着飯團，餅食之類，以爲白鶴一定食了，誰知這雙白鶴，見着食物，睇也不睇，其中的老成人，見得奇特，想下莫不是仙鶴，好，擲的鮮花埋去，睇下有無感應，果果然然，這雙珍禽，見到有鮮花擲來，便把雙長而尖的咀巴，對着鮮花，以爲啄落去，其實不然，原來一雙咀巴，似得嗅着樣子，怪事來了，忽然翻起颶風，天日爲昏，飛砂走石，當時趁熱鬧的人，紛紛抱着個頭，閉着眼睛，狂奔同家，說時遲，那時快，颶風過了，人人睜大眼睛，不約而同，一致目標，注視石上，一雙白鶴，都沒有影子，你問我，我又問你，大家當時決定係仙鶴下凡，所以白鶴山的名稱，一路流傳至今，後來鳳山一筆書成這個鶴字，或者就因爲白鶴山而設。所以上文講過游仙巖，同白石山極有關係，白石山又同鶴字石有關係，相因而至，現在又講下有一塊大石頭，叫做叮鐺石，個塊叮鐺石，又同游仙巖有關，依照前時相傳，不免有點神話，在游仙巖裏底，有一塊大石頭，大到一張大圓桌面，一半已埋藏在坭土，在二次大戰之前，這塊叮鐺石，都存在這裏，現在呢？寨城都拆去，自然消滅，不在話下，所以當時的游客，執塊小石，對正叮鐺石敲了一敲，叮當叮當之聲：洋洋盈耳，還有餘音梟梟，不絕如縷，實在好聽，據土人自祖先相傳，當初實在無人知道個塊石，叮當叮當之聲，有一日附近有牧童，正在放牛時候，忽然聽聞有叮當之聲，不知出在何處，牧童十分奇怪，跟住叮當之聲，追尋來源，跟踪下來到游仙巖側，知到聲浪就在裏底，走入去睇下，原來一張平石，响音就在這裏出來，十分奇怪，石有聲能叮當响，已經奇怪，而且自動响起來，那有不奇怪之理，不免驚慌起來，馬上走告給親人知，親人來到，石已不响，祇有用石敲下，仍有响聲，當時的故老，十分可惜，他說：游仙岩下，必有神仙，來游戲人間，凡人一經識破，仙人就不高興了，好在擊之還有响聲。叮當石上，更有一塊石，有二尺多長，石面低陷，似得大脚印，分爲兩節，前節長於後節，有一尺多，深約半寸，兩脚距離，約七八寸，俱作橢圓形，睇來似得脚印，土人叫做仙人脚印，斜下還有十丈大石，一塊陷落地下，對正九龍城寨西門，叫做金交椅，土人說是神仙常來打坐，從前許多人來觀光，都不敢坐埋去，恐怕褻瀆神明。

二十六、六十年來婦女的妝扮

香港掌故，開始便講飲講食，因爲民以食爲天，最緊要便是吃，所以回述當時的食譜，怎樣抵食法，眞是「賺得一啖笑」，但昨天有一位老友問我，他說，廣東人話頭：「食得係福，着得係祿」爲什麼浄係聽見講亞福，不見左亞祿呢？這位老友，煞是心水清，關懷到六十年前的衣服，老友還說：說到打扮頭髻與衣服，婦女比男子變遷更大，可否先講女子，後講男子，這才是尊重女權，老友的要求，亦有見地，所以本題談談香港婦女六十年來的妝扮觀，這條題目，要從亞婆個代講起，以我的亞婆論，最短時間，都有一個花甲以上之人，才可談及。話說六十年前婦女的時裝，都算「巴閉」因爲至少都要多了幾尺布，爲什麼呢？無他，濶且大也，閱者諸君，你們看過胡不歸大戲，逼媳離婚個好相與家姑未？如果看過，佢着起個一套花裙大衲，足以代表當時婦女時妝表演之一，佢頭上所梳的圓溕溕髻，好似送白粥的油香餅，香港叫做鹹煎餅，不過，圓溕溕的二寸髻，唔算十分古老，如果在六十年前的髻，應該要梳蟠龍髻，蟠龍妝，墮馬妝，古人蚐稱謂，何等香艷，但經六十年前的今日一段，什麼香艷都沒有了，當時的時髦髻，就是龍船髻，言其長也，龍船怎樣長法，我知道了，現在香港的龍船，最長的以華尺計，有六丈四尺之多，扒船壯士，需要六十八人，以當時婦女之髻，來比龍船，可謂形容盡致，現在我們廣東北江鄉村，有時或許見着，亞乜話齋，「嘆觀止矣」，在香港來講，龍船髻之後，就係二寸髻，爲什麽不作寸半或三寸，而曰二寸，大抵以其圓周計數，大約而已。梳頭媽未曾做過幾何學工夫，人說二寸，她們也說二寸。現在把二寸髻的構造說出來，先把頭髮打成辮組，然後環繞作餅形，但要橫押其中，不致打散，橫押那枝東西，叫做髻押，有錢的太太少奶，這枝髻押是值錢的，全枝黃金打成的，骨子的，重要金鑲碧玉的，貧苦的婦女，髻押是黃銅，木製，甚至自己削枝小竹簽兒或柴枝。總之，可以押髻，不致披頭散髮就算了。直至二十年後，即今四十年前，所謂盤龍髻，統都落伍，新興的叫做螺髻，以螺爲名，當然把頭髮挽成一隻螺形，尤其是螺的尾巴，維肖維妙。記得有一位芳名叫做柳姐，拿手梳螺髻，我們把筆的人，手不停揮，長寫長有，和亞柳姐比比價值，很是慚愧，個的太太，少奶梳螺髻，可以叫做手不停梳，你估當時價值每隻幾多錢呀？每隻五毫，如果過年節，每隻一鷄士，甚而加雙，即係每隻「兩蚊鷄」。在四十年前，梳一隻髻，價值兩塊錢，比例下現在樣樣都在幾十倍價值，豈不是幾十塊錢梳一隻髻。話雖如此，出得這般高價錢，正一大濶佬的太太，或而姨太太，「濶婆唔志在」，這位柳姐賺了不滿十年，居然「夠享夠長」。再經一個時期，螺髻又漸漸落伍，發明一種叫做S髻，S當然是西文字母，把頭髮梳成S一樣，一說比螺髻還易做工作，但在時髦當中，S髻當以一梳爲榮，尤其是亞銀姐梳的，架勢之架勢，怎樣架勢呢？梳了一隻S髻，太太出手，五塊錢，工值也好，手震也好，總之梳完S髻「一巴掌」伸過來，當時銀姐S髻，眞係遠近馳名，每見婦女梳左S髻，必定一頂高帽笠落去，太太，這漂亮的靚S髻，是不是銀姐梳的，如果你說，是金姐梳的，丟臉之極，所以大都要說亞銀姐梳的，後來居上，後浪推前浪，咪話梳頭媽，唔係時勢英雄，至於住家工的媽姐，一律係辮髻，盤髻後枕，就算髻形，十分便利，以上梳髻，表示已經結婚婦人，未嫁女兒，一律梳辮子，當時頂時髦的，就是紮辮頂，這是頭後低垂紮着大紅緯線，約莫有寸零長，紮上有兩三度，即係二三寸長度，每紮離開幾分，前面額頭，覆有短髮，叫做蔞髫，所以蔞髫妹，爲閨中待字女子之稱，就係具有來歷，但打倒滿清之後，所有婦女，不論已婚未婚，額前留髫，已成普遍化，當時不是叫做蔞髫，美其名叫做流海，記得其時的報章，便把流海兩字，常常在諧部，渲染得趣味橫生（現在叫副刊，當時一律叫諧部），著名諧報的報館，鄭貫公所辦唯一趣報有所謂，黃世仲所辦的世界公益報，本人與諸同志所辦的新少年報，額前流海，有等時髦女郎，認爲流海不足時派，還要額頭上的髮，梳到高高，好似奇峯突出，不過當時不懂得什麽叫做吹波，有的謔而虐之人，監硬改左一個花名，叫做虱蝨風兜，有首竹枝詞，題虱蝨風兜：「佳人頭上搭風兜，虱蝨居然棲上樓，漫道琵琶虫下賤，縱然跌死也風流。」閱者諸君，琵琶虫是虱蝨別字，說出來，也有一段故事，有大濶佬七秩開一，大擺壽筵，嘉賓雲集，酒過三巡，興高彩烈之際，覺得頭後底痕癢起來，抓左兩抓，席上有個嘉賓，立即起來，向大濶佬個件火肘皮袍後領一摸，原來捉倒一頭虱子，當住許多貴嘉面前，說乜翁，沒相干，虱子罷，大濶佬當堂面紅耳熱，馬上又有一位嘉賓，說：乜先生，你睇錯了，不是蝨，是琵琶虫，大貴人，才有琵琶虫附着他的貴體，大濶佬滿心歡喜，馬上便把那嘉賓提拔起來，這首竹枝詞借用這個典故，免致琵琶虫有來歷不明的笑話。

二十七、六十年來男女的服裝

前文講過六十年來香港婦女的妝扮，但凡妝扮，從頭說起，所以大部份說頭髮問題，已婚梳髻，未婚梳辮，現在專講婦女六十年來服裝，當然由我的祖婆說起，以時考之，我的祖婆的尊容與時派衣服，我可以見着，亦都大衆共見，就是濶、長、大三個字包括之，衣服從衫領說起，譬如領濶九寸半，但當時的衫領，已經要一尺一寸，沒有什麽理由，時派而已，袖口還濶到說冇譜，一尺濶不算事，還要濶到尺三四，才是在行，所以當時女客拜訪，往往看不見小孩，但聽着孩子哭聲，因爲婦女的衫袖太濶，媽媽爲便利計，不時將小寶寶，安放在袖裏，人家「袖裏乾坤」，「神機妙算」，她們呢？袖裏乖乖，不到你算，要睡便睡，要哭便哭，當乖乖哭起上來，人們才知道有小孩子同來，袖口闊大，腰夾衫脚一樣闊，還有值得睇頭，就是周身鑲細，細條又是闊大，衫襟還鑲起一朵大石榴花，總之全身細條同花紋，闊過衣身大部份，袂亦係，不過太太們，多係着裙，裙的鑲細，亦是一樣，後十年約五十年來，這樣闊長大妝，經已落伍，應運而興，叫做上海裝，顧名思義，自然由上海傳來，怎樣正是上海裝，現在說出來，覺得好怪，但是當時着起來，又極之好靚，上海裝一樣身長過膝，短領，窄腰，（當時叫做揸腰）重要衣脚潤大，叫做撒尾，都係周身鑲細，不過細法不是闊的，鈕叫做蝴蝶鈕，亦有金和玉扣鈕，袂呢是窄脚，上海裝以衣褲一式在行，閱者諸君，雙妹嚜商標，那雙妹，是正式上海裝，上海裝的時期，比較長遠一點，自從推倒滿清，成立民國，婦女服裝，爲之大變，講到婦女着長衣，叫做旗袍，從前香港婦女，甚少着旗袍，所見都是以上所講，至於男子的衣服，雖不致如婦女變遷之大，但亦由闊變窄，由長變短，從街上望，或者在社會集團裏便，找個長衣同志，雖不至如鳳毛麟角，不過，也有才難之嘆，但我現在所說係五六十年事，話舊而非談新，試問，當時交際，除了熟不拘禮外，不穿長衣重着什麼？當時的長衣，雖不如婦女衣服之闊大，但亦不是短窄，狀元幼學詩有：「衫長堪掃地，袖大好搖風」可以做掃把，又可以做風扇，窄極都有限了，男子禮服，六十年前，雖係滿洲政府，香港是洋界地方，什麼拖翎戴頂，朝珠補子，蟒服手版等等，甚少甚少出現，但小褂襯長衣，天冷常見，即使夏季，不時見之，但當時不是叫小褂，而叫馬褂，何以叫馬褂，是滿洲的服裝，應是馬蹄袖，名貴的係彰絨，彰絨，起團花，或西金銀緞，小朋友不要聽錯，金銀緞不是金銀潤，金銀緞同金銀潤色水都是差不多，所不同者，金銀緞是衣服類，金銀潤呢？臘味個一類罷，從想象間，有人戴朴帽，寧綢長衣(是五、六十年前名貴的絲髮)彰絨團龍馬褂，脚踏小烏靴，坐在三名伕轎，口咬茶瓜（大枝呂宋烟咁解），嗡吓嗡吓，個頭這般氣象，煞是夠威，有人問我，後生哥又怎樣打扮？打是在行？後生哥呢？很容易了，我們一輩子，人人都從後生哥來，後生仔穿衣，比較窄的，甚少甚少着馬褂，惟一的時派，就是背心，切勿誤會現在的運動背心，伸出兩隻大手臂，後生哥是襯長衣的背心，叫做琵琶襟的背心，琵琶襟，似得一個曲尺形，骨子的金鑲玉紐，尖頂帽，還有一粒紅棗帽頂，高毡底鞋，瀟灑風流，官仔骨骨，正是這一類人，當時所謂四季衣服，其實不止四季，更是八季，還不止八季，簡直十六季，這句話或許有人不明，一年明明四季，何有如許多季，不錯，因爲衣服換得太多，計數不來，所以四季之中，另外發動許多季數，季上加季，好事者爲之矣，舉個例說，從前最興的絲法，縐紗，寧綢，闊佬早晨出街，長衣是原身織成花瓣，一枝花到尾，是含蕾欲放，晏晝換道一件，花朵盛開，晚間呢一件，花事闌珊，同是一花，早午晚不同，所以三易其服，皮袍更不在話，忽然狐狸軒，忽然金銀軒，忽然火肘，忽然大毛，天氣一變，闊佬衣服立變，可惜當時未有廣播電台，早晚天氣報告，如果是有，好攞衣服的人，每日便早早安排秩序了。其次就是春夏之交，與秋冬之交，熟紗，春紗，拱紗，熟羅，夾羅，縐紗的裏底，都分開白色，淡湖水色，深湖水色，淺灰色，與深灰色，更分單縐，夾縐，天時熱的生紗，都分硬與軟，以隨天氣更換，人話婦女衣服，欵式雖是多過男子，如果嚴格跟住天氣更換，男子實在多過婦女計數不清，但當時的襪是本地貨，叫做布襪，未有舶來品線襪，玻璃絲襪，發夢未曾發過，不說個皮，弔帶呢？莫說這樣，襪箍呢？一樣沒有交易，祇有用條鞭帶綁住，大家一樣，男人的妝扮，大都如上所述，現在談下婦女化妝，甚麼三花，又什麼密斯佛陀，闊都未聞過，還說甚麼？如此又怎打扮呢？有辦法，粉有班中宮粉，鵝蛋粉，脂粉呢？七姐臙脂，班中臙脂，畫眼眉呢？用烏烟，現在說出來，或者有人說，這般說來，還有什麼漂亮。諸君，不是這樣講，一樣靚，一樣有美人，古今美人，不論什麼化粧品，其靚一也，至於耳環在五六十年間，變遷甚大，初時是興玉耳扣，雙環下墜，搖曳生姿，其後以一粒珠，或而一粒金珠，塞進耳孔，在打倒滿清時期，經過耐久時間，完全廢除耳環不戴，現在又點樣呢？請閱者諸君，憑着一副審美的眼光，當然有所觀感了。

二十八、香港天氣和人情冷暖

有人說：「香港天氣太差了」又有人說；「香港天氣不差」。這是什麼道理，差和不差，實在相反的問題，不過，似得我們貴省廣東俗話來批評，「阿佗行路，中中地」。甚麼是「中中地」，這是執中來說，香港的天氣，說太差也是，說不差也有理由，待我來解釋一下罷，說香港天氣太差的，便以中國陰曆一年二十四節的時令爲標準，例如夏至，便是夏熱的開始，冬至，便以冬寒的開始，在我國北方氣象來衡量這一天氣象的來臨，分毫沒有差錯，相反的把香港天氣來比較這當天的節令，眞是十次有九次不準，所以說香港天氣太差，就是這個理由，但話又同來了，香港在珠江的南端，四面環海，因海風的温淘，所以天氣和融，不寒不燥，人們居此，比着其他地方最好不過，所說人們對着香港天氣不差，也是令有理由的。不過香港也有冷到透不過氣來，熱的令你熬忍不住，遠在八十年前，（這是先母對我在小孩子說，如果先母還健在，她已百年人瑞），她說；「這時香港降過一場大雪。」不過所去時間太久，未便參考，且把最近香港的冷熱天氣談談罷！現在剛剛踏上了一九五九年的年頭，過了元旦，那北大人便來光顧了，那華氏表竟然越縮越下，像得蠶蟲師爺一般，由六十度，降至四十度，滲咯諸君，這句說話，專代表着貧苦的老友說：「福心施捨，又凍又餓」，但一般少數的便便然有錢佬，和甚麽的太太們，那冷天氣，正中下懷，甚麼大毛，火肘，貂鼠，狐狸軒等等，從橫底發掘出來，在人前正好大出風頭，施派一下皮草，「大鬧脾氣」這是最近新鮮出爐的冷新聞，還有舊聞，就是一九五七年，香港的暑天時間，眞是熱到要命，華氏表天天升起來，由八十至九十餘，雖未破着一百大關，不過所差不遠了，這天氣熱，據香港氣象台報告，破三十年來紀錄，我在熱氣籠罩裏，恰像古人說；「人如坐甑」，不禁想起水滸傳第十五同；「白日鼠白勝挑着一担子白酒唱出那歌調「赤日炎炎似火燒，野田禾稻半枯焦，農夫心內如湯煑，公子王孫把扇搖」不過這般苦熱，是勞苦大衆捱的，現在的王孫公子，是多多消暑享受，還要搖扇嗎？電風扇，還嫌宅不時派，甚麽空氣調節，如果較到最高度，要你穿大褸來頂冷哩！有人話；香港的天氣冷暖，和香港人情上，很有關係，驀地裏冷起來的一煞那的時候，令人手足無措，啼笑皆非，當然無從抵抗，惟有對着飢寒關頭掙扎便了，如果人情隨着九拾度熱氣來，又會令人們喜出望外，受寵若驚吧，廢鐵生光，擂槌生葉，有這般利害，古人說；「愛則加諸滕，惡則墜之淵」，你道多麽的沉痛語呢？香有港許多靈菩薩，拜拜也好，不拜嗎？亦都好，總之拜與不拜，不容勉強。這是各有前因罷了；可見香港天氣冷熱不常，而人情跟着天氣走，也是不常，人們怎樣應付不常的天氣和不常的人情？便要好自爲之了，著者很佩服一般鐵漢子，硬崩崩空手獨拳，和那天氣人情搏鬥，自甘吃苦，不肯低頭，拚着堅忍卓絕的精神，依然是金剛不壞身，甚麽天氣人情，奈何不得，大丈夫磊落光明，所以孟子也引爲人生的榜樣了。

香港掌故首集終

香港歷史 目次

香港歷史

初級中學適用

衛挺生
陳立峯 合編

第一課　從秦到唐

秦屬番禺縣

香港九龍地區，在中國周代以前，稱爲「揚州所掩地」。據禹貢「淮海維揚州」說：「揚州地域，北至淮水，東與南至海」。此地正是淮水以南至於海的區域。秦始皇統一中國後，改置郡縣，在廣東地方，設置南海郡（注一），郡治在番禺縣，那時九龍半島及香港等島嶼，都轄於番禺縣。

漢時三度變遷

秦朝亡後，南海尉趙佗，兼併桂林、象郡，建立南越國（注二），其地即爲今之廣東、廣西兩省及安南，港九地區屬於南越。這是一度變遷。後來漢武帝派兵消滅南越國，恢復南海等三郡，此地區仍歸南海郡管轄。這是二度變遷。到了三國時，孫權在東吳稱帝，於黃武七年，割南海、蒼梧、鬱林、高涼四個郡（注三），別置「廣州」，派刺史管理州務，此地又屬於廣東刺史治下。這是三度變遷。

東晉屬寶安縣

到了東晉，於咸和六年，重畫郡縣，把番禺縣的地方畫分一塊設置寶安縣，又把南海郡的轄地畫分出來設置東官郡，郡治設在寶安縣，而港九地區也就隨着改隸於寶安縣了。隋朝初年，東官郡被廢，寶安縣仍屬廣州南海郡，此地區亦仍轄於寶安縣（注四）。

唐隸東莞縣

唐朝把嶺南分爲東西兩道（注五），寶安縣地在嶺南東道，肅宗至德二年，改稱爲東莞縣，縣治即在現在的深圳灣上，此地區因亦屬於東莞。縣境的屯門港，就是現在的九龍新界青山下的屯門鄉，是當時的要塞。外國人入廣州，須先經屯門，故在唐朝時，屯門就已成爲名鎮。

【附注】

一　南海郡始置於秦朝，現在廣東全省除西南部份外，都屬其管轄。

二　趙佗是漢朝眞定（今河北省正定）人，秦始皇時任南海龍川令。秦二世時南海尉任囂死了，由趙佗代理。秦滅亡，趙佗兼併了廣東廣西及安南地方，自稱南越武王。漢高祖統一天下，封他爲南越王，成立南越國。趙佗死後，三傳至趙興，爲漢武帝所滅，南越國亡。

三 蒼梧、鬱林、高涼，都是漢時郡名。蒼梧郡治在廣信，其地即爲今廣西省蒼梧縣。鬱林郡治在布山縣，其地在今廣西省貴縣以東。高涼在今廣東省陽江縣地。

四 寶安縣位在廣東省東岸，設置於晉朝，唐朝改名東莞，宋朝廢掉，併入增城，明設東莞千戶所，築城，並改爲新安縣，清朝仍稱新安，民國復改爲寶安。

五 嶺南是指五嶺以南而言。唐貞觀時置嶺南道，全部轄地包括今廣東、廣西、越南等地，治在廣州（那時廣州郡治在今之番禺縣。）後又分爲嶺南東道與嶺南西道。現在粵中一帶仍被稱嶺南。

【作業】

一 漢時香港九龍隸屬有何變遷？

二 從晉到唐港九屬些什麼郡縣？

第二課 宋的滅亡與香港

宋時稱爲硇州

宋朝時候，在五嶺以南置廣東路及廣西路。東莞縣屬於廣東路。那時香港稱爲碙州（注一），其地包括三十六個島嶼，後人稱「大奚山三十六嶼」。香港即爲其中一島。此三十六嶼西自今大嶼山北汲水門起（當時稱「急水門」。）東至東龍島北佛頭門止（當時稱「佛堂門」）其中以大嶼山（即「大奚山」）、香港島、舶寮洲三島爲最大。都轄於東莞縣。

端宗避難海島

南宋末年（西元一二七四年）宋度宗崩，留下三個兒子：趙㬎、趙昰、趙昺。㬎爲嫡子，四歲繼帝位，是爲恭宗，封昰爲益王，封昺爲廣王。德祐二年（西元一二七七年），南宋都城臨安（即今之杭州），被元兵攻陷，把恭宗及太后擄走。南宋大臣陸秀夫、陳宜中、張世傑等，奉益王和廣王逃到福建，益王昰在福州繼之即位，是爲端宗。改封昺爲衞王。不久，元兵追至，陳宜中，張世傑奉端宗及衞王入海至潮州，經惠州，想去廣州，因受阻，乃改入碙州。

一代帝王埋骨赤灣

端宗於景炎二年二月至梅蔚山（注二），四月住官富山（注三），九月移淺灣（注四），十一月淺灣陷落，復避至秀山（注五），西航至井澳（注六），途中遇颶風，幾乎淹死，西奔西女峽（注七），入海至七里洋。這時陳宜中逃走，廣州以西的高州、雷州、化州，守軍都向元兵投降，端宗不得西進，適遇張世傑部擊敗元兵恢復淺灣，端宗乃從廣州境東返，於景炎三年三月回至碙州，四月崩逝，陸秀夫等將其葬於赤灣（注八）。一代帝王，便在逃亡中埋骨海邊了。

帝昺封爲翔龍縣　端宗崩後，陸秀夫等羣臣，復擁衛王昺爲帝，改元祥興，作最後的奮鬥，但仍挽回不了南宋的命運，元兵破厓山，陸秀夫先仗劍把妻子驅入海中，然後抱着帝昺一同跳海而死，南宋歷史於此結束。祥興元年，帝昺升廣州爲翔龍府，升碙州爲翔龍縣。故現在的英屬香港殖民地，在宋末一度曾有翔龍縣的雅號。

【附　注】

一、碙州即是大香港，約包括香港九龍及新界，但「碙州三十六嶼」，却專指東起佛堂門西至汲水門以南的香港羣島而言。係根據下列三書而作判斷：一、宋、陳仲微著的二王本末；他追隨益王、廣王流亡海上，所記事實，當屬可靠。二、元初吳萊著的南海人物古蹟記，此皆作時距宋亡不久，故亦可靠。三、大清一統志。

二　今人謂梅蔚山就是現在大嶼山的梅窩。

三　官富山就是九龍山，山下有宋王台，在啓德機場西邊，惜其遺跡今已被剷平了。

四　淺灣，許地山考證，即今荃灣。

五　秀山即今虎門。

六　井澳，在今中山縣南海中橫琴山下。

七　西女峽，也叫仙女澳，在中山縣境海中。

八　赤灣端宗墓前，有人題「宋祥慶少帝之陵」數字，這是錯誤的。因爲帝昺改元祥興，廣東語音「慶」與「興」相近，被後人誤爲祥慶，這是錯誤之一；其次，端宗是帝昰，而非帝昺，祥興是帝昺的年號，赤灣埋的是帝昰，而帝昺則死於海中。故端宗墓前的碑碣是後人誤題的

【作　業】

一　硇州三十六嶼從那裏起？到那裏止？其中有那幾個島是最大的？

二 概述南宋二帝逃亡經過。

第三課 香港的割讓

葡萄牙人首先東來

明朝武宗正德十一年（一五一六年），葡萄牙人波萊斯德爾（Rafael Perestrello）由麻六甲到廣東，為近代歐洲人到中國的第一人。第二年，葡人安刺德（Fernao Perez Andrade）及葡使比留斯（Thomas Pirez）率武裝艦隊八艘到達廣東屯門港（就是香港新界青山灣），以黃金賄賂守軍，安然入港，並蒙許可赴廣州。自從葡人叩開中國關門後，繼之而來的有荷蘭人、西班牙人、英國人、美國人，中國自此卽不能閉關自守了。

英國人早注意香港

明朝崇禎八年（一六三五年），英國人接踵到達中國。清乾隆五年（一七四〇年），英國更派專使覲見清高宗，要求通商，但會商很久，不得要領。英人不得已，乃隨葡人在澳門（注一）設立商行，一面仍想設法在中國謀得商業根據地。這時，英人發現香港九龍海面港灣極佳，如果善加開闢，可將此島發展為東亞第一商港，使其與孟買

（注二），新加坡（注三）鼎足而立。以之經營成大商埠，大量對華貿易，必獲鉅利。這是當時英人的理想。

鴉片戰爭

英人謀發展對華貿易，以大量鴉片煙運銷中國，從廣東進口，中國人吸毒者日衆。滿清政府深覺嚴重，派大臣林則徐到廣東查辦。林則徐迫英商交出鴉片二萬餘箱，予以焚毀，並把英商驅出澳門，禁止其經商。這是道光十八年（一八三八年）的事。英人激怒，於道光二十年（一八四〇年）派兵進攻中國，於是爆發所謂鴉片戰爭。英人進攻廣東福建沿海各地。清宣宗罷免林則徐，改派琦善主持此事。琦善懼戰，與英人議和，英人要求割讓香港，清廷不允，英人遂佔虎門。粵人抗拒，英兵復攻陷廈門、定海、鎮海、寧波等處；道光二十二年（一八四二）再陷乍浦、寶山、上海、鎮江，進迫江寧。清廷恐懼，便派大臣正式與英人議和，訂立南京條約。

割讓香港

南京條約係於道光二十二年（一八四二年）七月二十九

日訂立於南京，地點是英國軍艦剛瓦立（Cornwallis）號上。中國代表爲耆英、伊里布、牛鑑，英國代表爲璞鼎查（Sir H. Pottinger）。這條約規定把香港割讓給英國。經中國清宣宗皇帝及英女皇維多利亞批准後，於道光二十三年五月二十九日（一八四三年六月二十六日）在香港換約，從這天起，香港島正式由中國割讓給英國。在條約上說明割讓香港的理由是這樣的：「因英國商船，遠路涉洋，往往有損壞須修補者，中國自願割予沿海一處，以便修船及存守所用物料……」

【附　注】

一　澳門，在粵江口三角洲南端，原係中國領土，於明朝嘉靖年間，租與葡萄牙人通商，到明崇禎初年，葡人才設官管理。清光緒十三年（一八八七年）再訂條約，葡萄牙人獲管理權。

二　孟買爲印度西岸之一小島，當時是英國殖民地，港灣宏深，可停鉅輪，又當印度生產地與西方消費市場的中心，所以對外貿易極盛，棉花和棉織物的輸出，佔亞洲第一位。

三　新加坡是英領海峽殖民地的首邑，位在新加坡島的東南岸，當東西洋交通要衝，係屬自由港，商船雲集，是南洋最繁盛之地，輸出以橡皮、錫爲大宗。

【作　業】

一　英國人爲什麽注意香港？

二　香港是怎樣割讓的？

第四課　九龍的割讓和租借

亞羅事件

清咸豐六年八月（一八五六年九月），發生「亞羅事件」。亞羅（The Arrow）是在香港註册的商船，停泊在廣州。那年八月初十日，因事被中國官兵上船，下去英國國旗，將船上的十二名中國海員捕去。英方交涉釋放道歉，無結果，便命香港英駐軍進攻廣州，但不多久，印度發生事變，英兵退去。廣州的滿清官吏於氣憤之餘，把英、美、法的商館，一律焚毀，以示報復。事態擴大，英法軍聯合再攻廣州，把總督葉名琛俘擄去。咸豐八年二月（一八五八年三月）英、法、俄軍艦二十餘艘，直迫天津的大沽口。清廷畏懼，乃派大學士桂良等爲議和大臣，到天津去與各國議和，訂立了天津條約。

北京條約割讓九龍

天津條約於咸豐八年（一八五八年）訂立後，中英法軍又於次年在大沽口開戰，中國軍勝利，清廷乃廢除天津條約。英法聯軍復發動攻勢，攻入北京，焚毀圓明園，清文宗皇帝逃奔熱河，由俄使出面調停，清派恭親王奕訢與英法議和，於咸豐十年（一八六〇年）訂立北京條約，在此條約中，清廷除承認天津條約的各點外，更將九龍半島南端九龍司所轄四英里地包括昂船洲的地方割讓英國（注一）。

九龍租借定期九十九年

中日甲午戰爭以後（注二），中國積弱，完全暴露，各國紛紛要求租借地（注三）。九龍租借地的條約，是訂於清光緒二十四年（一八九八年六月九日），地點在北京。依此條約，九龍半島的全部東起大鵬灣，西至深圳灣及其附近的三十三個島嶼共三百七十六英方里的地區，都由英國租借，租期九十九年，要到一九九六年租期才滿。這塊租借地，現在稱爲「新界」。

九龍寨城的建築和其變遷

滿清政府爲亡羊補牢之計，於香港島割讓的次年（即道光二十三年、一八四三年），把九龍山南的官富司改爲九龍分司，築城建署，設官駐兵，以資防守。此城即名爲「九龍寨城」（注四），費時五年始建築成功。英國要求租借九龍時，清廷基於國防觀點，不肯放棄此城寨和附近村落。直到民國三十五年（一九四六年十月），中英勘定界限，調查結果，九龍城面積爲四二四、〇五〇平方呎，仍係中國領土。香港政府則把「新九龍」，視同新界租借地。

【附注】

一　割讓英國的九龍司地方，其範圍起自現在的尖沙咀，北至界限街，共四英方里。

二　中日甲午之戰，是光緒二十年（一八九四年）的事。結果中國大敗，承認朝鮮獨立，失去台灣、澎湖。

三　租借地的性質，類似國際法上的「國際地役」，甲國在乙國領土內租借一塊地方，在租借期內，乙國將此一區域管轄權暫行交與甲國代管，但仍保持主權，租借期滿，此地區仍由乙國收回。

四 九龍寨城，城牆高二丈，寬五尺至一丈，清兵在城上置大炮，用以防禦外侮。日人佔領香港期間，此寨城業已拆去。

【作業】

一 九龍半島是怎樣割讓給英國的？

二 九龍租借地因何產生？

第五課 日人侵佔香港

開始侵犯 一九四一年十二月八日，日本人突襲珍珠港，掀起太平洋戰爭。香港在戰略上地位重要，可用作南侵海軍基地，故於大戰爆發之日，日本南支派遣軍司令酒井隆中將，即率領強大海陸空軍進犯九龍。陸軍係由深圳及沙頭角一帶越境。守軍方面為英聯邦軍加拿大兵團及華人義勇隊。在實力對比上，守軍過於薄弱，造成必敗之勢。

作戰經過

日本先遣軍爲駐中山的伊東部隊，於十二月八日由深圳侵入九龍，與守軍展開戰鬥。英軍以衆寡懸殊，節節後退，並謀集中軍力保衞香港本島，故於九日起卽分批撤離九龍，十二日，日軍全部佔領九龍，並於十三日派人勸英軍投降，但爲英方所拒絕。是時英軍及華民義勇隊，已在香港佈防完成，與日軍展開砲戰。守軍因得山勢之阻，憑險禦敵，相持至二十四日，日軍已控制食水塘，斷絕水源，英軍退守至灣仔一帶，毫無外援。港督楊慕琦，爲顧及居民安全，不欲再作無望之戰鬥，乃於十二月二十四日派人持白旗赴九龍向日軍司令部投降，香港終於十二月二十五日淪陷。英軍官民被俘，囚於赤柱，港督後解往新加坡囚禁。此役共作戰十八天。

華人英勇禦敵

戰爭爆發後，港九中國居民，奮起抗戰，除老弱婦孺外，少壯均參加義勇隊、協助英軍，與敵作戰，傷亡甚衆，英勇事跡，曾博得國際稱讚。此外，中國政府駐港軍事聯絡專員陳策將軍，更要求香港政府發給槍械，組織志願軍抗敵，但港督以無補於大局，未允所請。陳策將軍的抗戰計畫未成，乃偕香港政府警務官麥景陶，突破日軍防綫撤退，因而腿部受傷。戰後，英國曾授勳陳策將軍，並在香港建立「國殤碑」，紀念戰時作戰死亡的中國人，更撥付基金，救濟死亡者的遺孤。

日據期間的香港

日人佔領香港期間，派磯谷廉介爲總督，把此間作爲南侵的海軍基地，其在軍事上的地位，與台灣相等。基此原因，日人在港設施，全力注重軍事，利用此地作爲軍港，更剷平九龍宋王台，擴展啓德機場，以作空軍基地。除軍事外，一無建設，反之，商業一落千丈，工業停頓，漁船被徵被毁，漁業蒙受重大損失。烟賭之風甚熾，日軍及日本浪人四出搶刼姦淫，商民趨避，人口由一百五十萬驟減至五十萬。昔日港九繁榮面目，至此全非。

日人投降香港光復

一九四五年八月十五日，日本宣布向同盟國投降。英國派夏慤將軍，率領海軍於是年八月三十日在香港登陸，辦理接收。遠東盟軍統帥規定，香港屬於中國戰區，日軍集中於廣州，日投降代表為田中久一，主持受降者為中國第二方面軍司令張發奎將軍，英軍曾派代表至廣州參加受降。夏慤將軍接收香港後，組織軍政府，從事復員工作，直至一九四六年五月一日，恢復民政管理，英國復派戰時被俘之楊慕琦為總督，至此，香港重歸常態。計自日軍佔領香港起至投降止，共歷時三年八個月零五天。

【作業】

一　日人為何侵佔香港？

二　中國人在戰時有何表現？

第六課　政治組織

總督　英人佔領香港後，設立政府，推行政務，最初英王派義律 Capt.Charles Elhitt R.N. 為行政長官，代表英國政府，治理香港殖民地事務。義律卸任後，自一八四三年起，即改派總督，迄一九五三年止，連義律一共有二十六位。

行政 香港的政治組織，出於英王授權的規程及英國政府的指令。殖民地政府在總督之下設行政會．由香港防衛軍司令、輔政司、律政司、華民政務司、財政司的最高負責人兼任委員及經指定的官員或非官員組織之。會議由總督召集，一切行政上的重要問題、都由行政會決定，交付各司執行，其性質等於內閣。目前行政會委員．由官員六人及非官員六人組成，其中非官員的委員中，有三人是中國人。經歷年的增刪，現在香港行政會下有三十餘司署（注一），分別執行政務。

立法 依據現代政治的精神，香港也有立法會的設立，其職權爲制定法律，通過財政案。略似衆議院，但又與衆議院不同。立法會也在總督管轄之下，委員中，有官員九人，非官員八人，都是官派，故實際性質又非民主政治制度下的議會組織。在立法會之下．有三個常設委員會（注二）及隨時因實際需要而指定的臨時委員會。

司法 香港的司法，也是獨立的。香港的法律，適用英國「普通法」及英國一八四三年四月三日以前有效的立法，和自一八四三年四月三日起明定適用於香港的立法而以香港條例新編（注三）補充之。香港設立最高法院，其組織係依據一八七三年第三號最高法院組織規程所組成。民事訴訟程序，則依一九〇一年第三號規程，而一八九〇年殖民地海軍法庭法更賦予最高法院關於海軍案的權限。

【附 注】

一 香港行政各司署名稱如下：

布政司署 華民政務司署 社會局 市政衛生局 勞工處 合作事業及魚菜統賣管理處 警務處 教育司署 工商業管理處 醫務處 工務局 消防局 天文台 新聞處 郵政總局 廣九鐵路局 海事處 民航處 財政管理處 稅務局 庫務司署 核數署 農林漁業管理處 物資供應及分配管理處 政府物料管理處 監獄署 律政司署 人口登記局

二　立法會中的三個常設委員會如下：

財政委員會　法律委員會　工程委員會

三　香港條例新編，係指一九五〇年新修正本。

【作　業】

一　香港的政治制度是怎樣的？

二　香港的司法依據什麼法律？

第七課　百年來的興建

建設開始　一八四一年一月二十九日義律正式佔領香港。六月十四日開始售地與英商。三月二十九日成立委員會，設計市鎮，積極建設從此開始。

先發展航業　首先成立的事業，就是造船廠。一八四五年東方輪船公司（Peninsular and Oriental Steam Narigation Cmopany）成立，每月有郵船一次交通上海、暹羅、英國等地。九龍割讓後又增設兩大船廠。一八六九年蘇彝士運河成(注一),香港到歐洲航程縮短,香港航業從每年二百萬噸不數年間增到五百萬噸。海底電線不久也接通澳門、廣州、福州、上海等地,使香港在交通事業上,地位更重要。

市政建設次第舉辦

首先建築的大街是皇后大道。可是香港平地太少,不得不移山塡海,以供建築,德輔道、干諾道、都是塡海而成的。自是自來水、菜市場、醫院、警察、衞生都次第舉辦,到一八六一年已成爲現代市鎭,香港商會就在那年成立。電氣事業的發展,尤有助於工商業之發達,市內電車暢通以後,一八八八年登山纜車又完成,山頂闢爲住宅區。此外薄扶林道的蓄水塘及大潭蓄水塘先後完成,食用水問題得以解決。

九龍割讓租借更臻繁盛

香港本島地小而險峻,雖以人力開發,成就究屬有限。自九龍先後割讓租借之後,地面寬廣,香港政府始得暢所欲爲,銳意建設。中外資本匯集香港,從此成爲全世界有名的大都市。因其繁榮而美麗，世人稱爲「東方明珠」。

金融力支配了東亞

英人在香港設立之銀行共有數家，其中最有力者爲一八六四年成立之匯豐銀行(The Hong Kong & Shanghai BankingCorpnhoration)。以各銀行資力之雄厚，不獨調劑了香港的金融，對於英人在東亞經濟政治之發展，如中國與南洋均發生極大之影響。

教育與社會事業的進展

一八八七年康德黎博士創立香港醫學堂，孫中山先生就是在這裏學醫，一九一二年擴充爲大學，就是今日的香港大學。後來東華醫院、保良局、英華書院、皇仁書院都前後陸續成立。教育與社會事業之進展，使香港在現代都市中更增聲譽。

【附　注】

一　蘇彝士運河，是縮短歐亞航程的一條重要運河，位在東北非洲埃及境內，橫斷蘇彝士地峽，長八十餘英里，使紅海與地中海得以溝通。一八五九年開工，一八六九年竣事。此河的股權大半屬於英政府。

【作　業】

一　簡述香港航業發展經過。

二　簡述香港市政建設概況。

第八課　香港與中國

東西文化的橋樑

在中國歷史上，香港九龍一直是荒涼地方，未受到國人的注意。自從割讓和租借以後，這塊處女地，因此披上了近代文明之衣，不僅成了「大英帝國皇冠上的一顆明珠」，也成了東西文化的橋樑，西方的思想與文明，不斷地經由此地輸往中國，放開了中國人的眼界，因此而結束了中國閉關自守時代。同時中國的五千年文化遺產，也經此輸往西方，使西方認識中國文化的豐厚，而達成交流作用。

孕育了中國的革命

由於香港在教育學術思想及溝通東西文化上對中國發生了極大影響，於是孕育了中國的革命思想，產生了康有爲、梁啓超（注一）的君主立憲主張，導致了「百日維新」和「戊戌政變」（注二）。更由於這種關係，而使中國國父孫中山先生孕育成三民主義的共和思想，導致了國民革命運動，誕生了中華民國。從這些事實看，香港在近百年（尤其近六十年）中國文化發展的過程中，是有着重大關係的。

未來的展望

香港九龍，位在大陸邊緣，與中國關係極爲密切，中英友好合作，可以促使香港繁榮，否則卽失去它在經濟上的地位。香港的割讓，雖出自一段不愉快的歷史，但由於百年來世界情勢的演進，與英國殖民及外交政策的變更；英國已次第歸還漢口、天津、上海各地租界，廢棄中英不平等條約，這些，都表示英國順應世界趨勢以增進對中國的友誼。依照條約規定，香港及九龍一部分雖係割讓，但新界則係租借，至遲於一九九六年須歸還中國，那時中英關係將爲密切，而兩國友好相處，不止是香港一地之福，於東亞及世界之和平，所關尤鉅。希望中英國民共同致力於此。

【附　注】

一　康有為，廣東南海人，於甲午中日戰爭後，曾向政府建議變法，並設立強學會，德宗極為信任。梁啓超，廣東新會人，亦於中日戰後提倡變法，辦時務報，著變法通議，啓發中國人革命思想。後為德宗召見，密商革新政治。康梁二人都是主張君主立憲的維新派領袖。

二　戊戌政變，是導源於甲午之役中國戰敗，清德宗深受康、梁維新思想的影響，決定變法圖強，重用維新派人物，企圖有所作為。保守派大臣反對，密報西太后，太后突然臨朝，把德宗囚於瀛台，殺維新派六君子，康有為等逃海外。這是光緒二十四年的事，歲次戊戌，所以世稱「戊戌政變」。

【作　業】

一　香港在中國近代文化上起了什麼作用？

二　香港為什麼孕育了中國的革命思想？

書名：香港掌故（一九五九）附 香港歷史（一九五三）
系列：心一堂　香港・澳門雙城成長系列
原著：黃燕清 編
主編•責任編輯：陳劍聰

出版：心一堂有限公司
通訊地址：香港九龍旺角彌敦道六一〇號荷李活商業中心十八樓〇五一〇六室
深港讀者服務中心：中國深圳市羅湖區立新路六號羅湖商業大廈負一層〇〇八室
電話號碼：(852) 67150840
網址：publish.sunyata.cc
淘宝店地址：https://shop210782774.taobao.com
微店地址：　https://weidian.com/s/1212826297
臉書：　　　https://www.facebook.com/sunyatabook
讀者論壇：　http://bbs.sunyata.cc

香港發行：香港聯合書刊物流有限公司
地址：香港新界大埔汀麗路36號中華商務印刷大廈3樓
電話號碼：(852) 2150-2100
傳真號碼：(852) 2407-3062
電郵：info@suplogistics.com.hk

台灣發行：秀威資訊科技股份有限公司
地址：台灣台北市內湖區瑞光路七十六巷六十五號一樓
電話號碼：+886-2-2796-3638
傳真號碼：+886-2-2796-1377
網絡書店：www.bodbooks.com.tw
心一堂台灣國家書店讀者服務中心：
地址：台灣台北市中山區松江路二〇九號1樓
電話號碼：+886-2-2518-0207
傳真號碼：+886-2-2518-0778
網址：http://www.govbooks.com.tw

中國大陸發行　零售：深圳心一堂文化傳播有限公司
深圳地址：深圳市羅湖區立新路六號羅湖商業大廈負一層008室
電話號碼：(86)0755-82224934

版次：二零一八年十二月初版，平裝

定價：　港幣　　八十八元正
　　　　新台幣　三百九十八元正

國際書號 ISBN 978-988-8582-13-6